おいしい北九州

東 恭子

はじめに

北九州が大好きである。

生まれこそ京都だが、よちよち歩きの頃から高校卒業までを小倉で過ごし、大学進学とともに福岡市へ。そのまま15年あまり生活した後、再び北九州へ舞い戻ったのはもう10年以上前のことである。帰ってきた当初はいわゆる「逆カルチャーショック」状態に陥り、日々「北九州ってこんな所やったかいな……私が育った街ってこんな××（あえて伏字）やったとかいな……」と鬱々としていた。そんなすっきりとしない日々から解放され、再び「北九州大好き！地元サイコー！」と心の底から言えるようになるまで実は結構な時間がかかったのだった。

そうなると今度は、北九州の良さを人にアピールしたくてたまらなくなるのである。北九州の人は、福岡の人に比べてよく言えばシャイで謙虚なため、自分の街をPRするのが苦手である。すぐに「北九州って何もないやろー」と言う。ここで（こっそり）叫ばせてもらうが、そんな謙遜、美徳でもなんでもないですから！これからの時代、そんなんじゃ世界はおろか、日本の中でも勝ち抜いていけない。（話が飛躍し過ぎ）

九州一の大都会・福岡市の影に隠れてその存在感が希薄な北九州市。

しかし、日本各地から実際に北九州を訪れた人たちからは、非常に高い評価をもらっている街なのだ。ご飯がおいしい、酒がうまい、適当に都会で便利がいい、自然がすぐ近くにたくさんある等々。出張や研修、さらには転勤などで、長期滞在したことのある人ほど北九州を褒めてくださる。地元に戻って宣伝してくれる。なんとも嬉しいことである。ここは地元民の私も負けられない。ラジオのパーソナリティーをしているのも、ライターをしているのも、少しでも北九州の良さをPRすることにつながればと思うからだ。

そんな私に「北九州のグルメ本をやらないか?」という声がかかった。食べることは好きだが、正直食レポをやる自信はない。だっておいしいかおいしくないか、あとはフツーくらいしかないやん。それを1人で50軒近くも書くとかムリ!尻込みしていた私が最終的にやろうと決心したのは、「食レポと思わず、食を通して北九州の良さを伝えようと思えばいい」というアドバイスをいただいたから。そうか。それならやれる。

そういった経緯で生まれたこの本。それぞれの店の料理がおいしいのはもちろん、人、街、その他多くの北九州の魅力も併せて楽しんでいただければ幸いです。

もくじ

北九州エリアマップ

アイコンの見方

和食・定食

粉もの
麺類、お好み焼き
餃子など

洋食

多国籍

カフェ・喫茶

スイーツ・パン

その他

小倉駅周辺・小倉中心部

「ひげの店長」が守る伝統の味と、新しい味への挑戦

中華そば 藤王

（ちゅうかそば ふじおう）

魚町銀天街の一角にある、赤地に「藤王」の文字。もう随分昔から見慣れた光景のように思う。それもそのはず。創業時の鍛冶町からこの地に移転したのが1985年。すでに30年である。小倉で醤油ラーメンといえば「藤王」という認識の人も多いだろう。中華そばという呼称がふさわしい、シンプルだからこそ、素材の良さと手間のかけ方が物を言うラーメンだ。牛骨、牛スジ、さらに野菜もブレンドされた鶏ガラベースのスープ。こくと旨味がよく効いている。そのスープがうまく絡んだ中太のちぢれ卵麺というのは北九州ではなかなかお目にかかれない。小倉駅近くでこの味に出合えるというのは、転勤族や長期出張の人にとっては、ほっと安心するらしい。

井《い》手《で》瀬《せ》伸一《のぶかず》さんはそんな藤王の2代目店主である。ずっと飲食にたずさわっていたものの、ラーメンというのは初めてだったという井手瀬さん。岡山出身でありながら、縁あって藤王で働き、そして先代引退後2代目として店を継ぐこととなる。

2005年頃、魚町銀天街自体が不景気の波にのまれ、非常に厳しい状況に

小倉北区魚町2-4-18 ニューフクスケビル2F
093-511-2800
11時～19時（OS18時30分）
※スープがなくなり次第終了
休・木曜
P・なし
MAP・P136

あった。通りにはシャッターの閉まった店舗も増え、それまであった服飾系の華やかな店は次々に姿を消していた。不景気の影響は例外なく藤王にも及んでいたという。「このままではダメだ。店を守るためにもなんとかしなければといろいろ悩みました」

2012年の店舗大幅リニューアルも新しいチャレンジの中の一つの試みだった。改装するとなると一定期間店を閉めなければならない。井手瀬さんとしても不安を感じながらの決断だった。そして迎えた新装オープン。店内が明るくなっただけでも気分的に違ったが、リニューアルをきっかけにいろんなことがいい方に転っていった。さらに『ミシュランガイド福岡・佐賀２０１４特別版』に掲載された直後は想像を超えた忙しさにみまわれ、「たくさんのお客さんに来ていただいて本当にうれしいと思いながらも、心身共に限界に追い詰められていました」という。その後若干落ち着きはしたものの、やはり週末や連休の昼時ともなると、遠方からも多くの人が訪れ、階下までお客が並ぶという時もしばしば。そのため昔からの常連客があきらめて帰って行ったという話を聞くと、非常に複雑な気分になるそうだ。いわゆる嬉しい悲鳴というのはこういうことなのだろうか。

忙しさからくる人手不足に悩みつつも、お客に満足して帰ってもらい、また足を運んでもらうために現在もまだ精進の日々だという。

「この場所に変わらず藤王があって嬉しいと言ってくれる、みなさんの言葉が本当にありがたいですよね。先代に残してもらった店と味を、ずっと受け継いでいきたい。体が動く限りは」。伝統を守りながらも、新しい味への挑戦も怠らない。看板メニューの中華そば以外のメニューにも熱烈なファンがつく。「どのメニューも全て美味しいと自信をもって出してますが、皆さん好みはありますからね。絶対に中華そばという人もいれば、担々つけ麺ばかりを食べる人もいる。来るたびに違うメニューを順番に注文していく人もいますし」。昔ながらの常連客を大切に

しながらも、新規の顧客へのアプローチにも積極的に取り組む。自分の店が繁盛するための努力はもちろん、町全体がにぎわうためにも力を尽くす。縁あって店を継ぐことになったからこそ生まれる、藤王の看板を背負うにあたっての格別な思いというのがきっとあるのだろう。またの名を「ひげの店長」とも呼ばれる井手瀬さんの真摯な思いは店にも味にも生きている。

menu

中華そば（醤油ラーメン）650円
塩ラーメン 750円
味噌ラーメン 730円
チャンポン 770円
担々麺（ご飯無料サービス付き）900円
つけ麺（温、冷）880円
担々つけ麺（温、冷）880円

焼き餃子
（6個）380円（3個）190円
焼飯
（小）330円（並）770円

行くたびに新鮮な美味しさの自由演奏

鉄板焼バール ピアチェーレ

「ピアチェーレ」とは、イタリア語で「はじめまして」のあいさつに使われる言葉らしい。さらには喜び、楽しみ、好むという意味もあり、音楽用語では演奏者の自由に、という場合に使われるそうだ。なるほど。

おおよそ鉄板焼きというイメージからはかけ離れた店なのである。カウンターに座る落ち着いた紳士淑女を前に、白いコックコートにコック帽のシェフが、悠然とした風情でジュージューと肉を焼いている。それが私の中の鉄板焼きの店だ。イメージ力が貧困で申し訳ない。だが普通、鉄板焼きを名乗る店でパスタがこんなに美味しいとは誰も想像できないだろう。手作りのパンにスイーツ類まで、用意されているメニューは鉄板を使わないものまでがいちいち美味しいのだ。さらにはランチタイムに突如カレーフェアが行われたり（そのカレーがまた仕込みに呆れるほどの時間をかけたカレー専門店レベルのものだったり）、ディナータイムにも面白さと楽しさを追求した利益度外視のイベントを開催したりと想像を超える鉄板焼きの店。自由だ。これぞまさにピアチェーレだ。シェフ・生駒大輔さんが、次はいったいどんな美味しくてお得なことを思いついてしまうのか、店のスタッ

小倉北区魚町2-6-5 SIビル2F
093-512-9519
11時30分〜14時30分
17時30分〜23時（金・土曜は17時30分〜24時）
休・日曜、第1月曜（不定休）※土曜は夜のみ営業
P・なし
MAP・P136

フもドキドキするようだが、客側としてもうかうかしてはいられないのだ。

と、書いたところで念のため付け加えておくが、鉄板焼きメニューも当然美味しい。鉄板焼きの定番である肉類は、それぞれ数パターン用意されているソースとのコンビネーションに思わずうなってしまう。まずはトンテキや鉄板焼きハンバーグをランチでいただくのもおすすめだ。

オーナー、シェフ、スタッフによる自由演奏の空間は、皆さんの貴重な時間に食を通じて予想外の満足感を与えてくれるはずである。

menu

ランチ（サラダ、スープ、パンorライス、おばんさいブッフェ付き）
900円～
厚切りタンステーキ 1400円
活オマール海老の鉄板焼 2400円
鉄板焼野菜盛り 1300円
パスタプッタネスカ 900円

小さいながらも人気の実力店

餃子屋はやみ

それまであったアーケードが撤去され、今までより明るい印象に変わったサンロードにある、決して派手ではないが十年以上続く人気店だ。数ある餃子の店の中で、「はやみ」が支持される理由の一つは、おそらく餃子の種類の多さだろう。ごぼう、しそ、チーズ、エビ……それぞれに具材がちゃんと主張しているところがいい。ネタそのものにも野菜を多く使っているそうなのだが、肉感がしっかりしているので、聞かないとそうとは分からない。確かに、後味がしつこくなく、飽きがこないのは野菜のおかげなのかもしれない。いろんなタイプの餃子が存在する中、これは女性受けもいいのではなかろうか。

昔から餃子を作るのが得意で、たくさん作っては人を呼んで餃子パーティーのようなものを開いたり、人に配っていたという代表の梅森好孝さん。あくまでも作るのが好きなだけで、それを仕事にしようとは思ってなかったという。体調不良で会社を辞め、それ以降何もしようとしないのを見かねた(?)両親から「店でもやってみろ」と提案され、ならば得意の餃子を、ということになったそうだ。「完全にビジネスマンをターゲットに考えました。おかげさまで狙い通りになり

小倉北区魚町3-3-12
093-533-2660
11時30分～14時30分
17時～21時30分(OS21時)
※タネがなくなり次第終了
休・日曜(祝日は不定休)
P・なし　MAP・P136

ました。でも、意外と女性のお客さんも多いんですよね。うちのセットはかなりボリュームあると思うんですが、みなさんしっかり食べて行かれるんですよ」。ご飯物の種類が選べて、ボリュームもある。そして餃子はバラエティに富んでいるとなると、男女問わず人気があるのも当然だ。「うちのような小さな店は、何かあったら終わりですから。安心、安全という面には一番気を配ってます。衛生面はもちろん、当然使う材料も国産。そこにはこだわり続けたいです」。母のハヤミさんと共に、街中の小さな餃子屋は堅実に歩み続けている。

menu

(ランチ 11:30〜14:30)
焼飯セット、麻婆丼セット、三色丼セット、明太子ご飯セット 各700円　白ご飯セット 600円

焼き餃子(ニンニク入り、ニンニクなし、しそ入り、ごぼう入り、チーズ入り、バラエティ)各6個 430円、4個 320円(単品テイクアウト、発送可)

(定食)
焼飯セット 930円
麻婆丼セット 960円
三色丼セット 960円
明太子ご飯セット 930円
※ランチ、定食共にサラダ、スープ、餃子付き。
大盛り無料

人やまちの絆を、食を通して未来へつなぐ

お好み焼き いしん

旦過市場から横断歩道を渡り、魚町銀天街の入口にほど近い場所にかかる店ののれんをくぐり、階段を地下に下りると刀の鞘のようなデザインが施された珍しいドアが目をひく。店名の由来はやはり明治維新。お城プラス洋のイメージ。このドアのデザインにも納得がいく。店内に入って最初に受ける印象も、ありふれた表現だがモダン。おおよそお好み焼きの店というイメージとは随分違うが、元々はこの場所、昭和の時代は喫茶店、そしてレストランバーとして営業されていたらしい。いしん代表の向井博幸さんが高校生だったころ先代から相談され、「お好み焼きがいい！」と提案したのがきっかけで、現在の形態での営業をスタートした。以来、いしんは魚町銀天街の有名なお好み焼き店として着実に時を重ねてきた。いしんのお好み焼きといえば、その独創性も有名だ。新しいひらめきを完成形にしていく向井さんのオリジナリティーあふれるメニューは常に評判となり、定番として支持されていくものとなった。

もう一つ、いしんを代表するメニューなのが焼きうどんだ。門司港といえば焼きカレー。小倉といえば焼きうどん。各地からやって来る観光客やビジネスマン

小倉北区魚町3-2-20 三木屋ビルB1F
093-541-0457
11時30分～21時45分（OS21時）
休・不定
P・なし
MAP・P136

お好み焼きカレー

たちが、北九州に来たからには味わって帰りたいと名前が挙がるご当地グルメ。元々焼きうどんといえば、小倉の家庭ではよく作られたものだ。そのため焼きうどんはわざわざ店で食べるものではなく、家で作って食べるもの、くらいの意識の人も小倉っ子には少なくない。自分なりに一番美味しい焼きうどんの作り方を編み出している人も多いので、店でハズレを食べようものなら相当な憤りを感じたりする。そんな小倉っ子のひとりでもある私も、いしんの焼きうどんならわざ

わざ店で食べるだけのことはあると太鼓判を押したい。向井さんは焼きうどんを全国区にするべく、まちづくり活動に長年たずさわってきただけに、その味は折り紙付きなのだ。特にイベントなどにも出展される「絆焼うどん」は、見つけたら即その場で買うべきである。

絆焼うどんとは、北九州市立大学・東日本大震災関連プロジェクトのメンバーといしんがタッグを組み、小倉の焼きうどんと釜石の名産品であるイカをコラボさせ完成したもの。東日本大震災の際、北九州市から釜石市に復興支援のために市職員が派遣されたのがきっかけとなり、さまざまな経緯を経て結成された「絆焼うどんプロジェクト」。時間と共に震災の記憶を薄れさせてはならない。その思いから絆焼うどんプロジェクトは現在も活動している。毎回向井さんが現地に赴く釜石のイベントでも絆焼うどんの評判は上々で、他の出店ブースの商品に比べて早々に売り切れてしまうそうだ。活動で得た売り上げは東北の支援や北九州市立大の震災プロジェクトの活動資金として活用されている。

「いずれ釜石でも絆焼うどんを常時出す店ができればいいなと思ってます。小倉でも釜石でも絆焼うどんがいつでも食べれるようになってほしい。そうするとより北九州と釜石の絆が強くなった感じがしていいと思うんですよね。震災から5年が経ち、これからは支援するとかされるとかではなく、お互いが力を合わせて、それぞれが未来に向けて飛躍していこう、そんな感じですね」

こうして東北からは遠い私たちの町にも、食を通じて東日本大震災を風化させないために活動している人がたくさんいる。絆焼うどんを美味しく食べることによって、私たちも忘れてはいけないことを改めて気づかされる。それはとてもありがたいことだと思うのだ。

釜石真イカの絆焼うどん

menu

焼うどん 594円
天まど焼うどん 702円
釜石真イカの絆焼うどん 730円
小倉丸腸焼うどん 896円
お好み焼き
　牛すじねぎ焼き 918円
　関門海峡たこのトマトチーズ 950円
　お好み焼きカレー 918円

お茶とスイーツで小倉の街に歴史を作り続ける

辻利茶舗 魚町店

バタフライエフェクト。ここで使う言葉としては相応しいのか分からない。だが辻利茶舗社長・辻史郎さんの話を聞きながら思い浮かんだのはこの言葉だった。

1923(大正12)年創業。辻利といえば、小倉の街でも有名なお茶の老舗である。代々の小倉っ子であれば、ちゃんとしたお客様にお出しするお茶なら辻利で買っとけば間違いない、などと言われて育った人も結構いるだろう。また、「小倉の辻利って京都の辻利と関係あるん?」という声もたまに聞いたりするのだが、そこはいわゆる親戚筋にあたるそうだ。

「当時の小倉というのは商都として非常に活気があった。それでうちの初代が京都から支店長のような形で小倉にやって来たんですが、住んでいるうちにとても居心地がよくなったらしく、そのまま居ついてしまったそうです。本当は一定の期間で京都に戻る予定だったらしいのですが」

このたまたまの心変わり?がなければ、小倉に今の形態の辻利茶舗の存在はなかったかもしれないし、小倉の商店街の歴史も変わっていたのかもしれない。さらには多くの親子3代で小倉っ子、的な人たちにとっての辻利のイメージもちがっ

小倉北区魚町3-2-19
093-521-3117
11時〜20時(12月〜3月は〜19時)
休・なし
P・なし
MAP・P136
※他、支店あり

ていたのかもしれないのだ。それで浮かんだのがバタフライエフェクトという言葉なのだった。

平成が始まって間もない頃だっただろうか。「辻利といえば抹茶スイーツ」と言われるほど、ここの抹茶ソフト、抹茶サンデーが街でブームとなった。当時の社長で現会長の辻利之さんの発案による抹茶スイーツ。若い人にもっとお茶に親しんでもらうきっかけづくりのための試みだったそうだ。それが見事にはまり、辻利茶舗には抹茶サンデーを求めてやってくる若い女性の姿が増えた。その頃の私といえば、和洋折衷型の抹茶スイーツに対して否定的で、なぜ抹茶を洋風スイーツにするのか。抹茶は飲んで味わえばいいではないか、もしくは宇治金時で十分だ、とずっと主張していた。実際、抹茶スイーツといわれるものを食べても、大して美味しいと思ったこともなかった。なんだかハッキリしない、中途半端な食べ物だなと。しかし、初めて辻利の抹茶サンデーを食べた時は軽く衝撃を受けた。なんだろうこの強い抹茶感は。口に入れた時の風味が全然違う。しかも洋風スイーツとのコンビネーションも完璧だ。これは美味しい。私はそれまで持っていた抹茶スイーツに対する考えを改めた。ここまでしっかりと抹茶を感じる洋風スイーツを作り出せたのも、辻さんが言うように、いい抹茶を使用できるという、辻利茶舗ならではの強みがあったからなんだろう。

2015年3月、辻利茶舗のスイーツにまた新しいメニューが加わった。抹茶やほうじ茶を使ったシュークリームやプリンの販売が開始され、これもまた人気となっている。もちろんイートインも可能。その他にも市内の人気スイーツ店とのコラボや、製菓学校とのイベントなども積極的に行っており、次はどこで、何をやるのか期待がふくらむ。新しいことに挑戦し、創造することによって、伝統を守り、伝えていくという姿勢。なんとなく歌舞伎役者の市川海老蔵と重なるような気がする……。

抹茶とあんみつセット

「お店づくりはまちづくり」。そう言い切る辻史郎さんのチャレンジが、小倉の街の今後を担う大きな力になると確信した私だ。

menu

抹茶ソフト 300円
ほうじ茶ソフト 330円
サンデー（抹茶、バニラ、ほうじ茶）各380円
抹茶とあんみつセット 530円
抹茶と抹茶シフォンセット 530円
小文字シュークリーム 180円
抹茶 300円

コラム

街の美食を支える 北九州の台所、旦過市場

　北九州の台所として、さらには北九州を代表する場所の一つとしても知られる旦過《たんが》市場。その歴史は大正時代にさかのぼり、そばを流れる神嶽川《かんたけがわ》で荷揚げする船が商品の売買を始めたのが発祥といわれている。

　賑わいをみせていた市場も、戦争の影響を受け、第二次世界大戦中は食糧不足で市場としての機能を果たせない状況に。

　しかし、戦後間もなく、再び旦過にはたくさんの商人たちが集まり出す。もう一度活気ある街中の市場としての歩みを始め、その歩みは今もなお現在の旦過市場に続いている。

　鮮魚や野菜だけに限らず、お惣菜や乾物、菓子類などの店、さらにジャンルを問わない飲食店。多種多様な店が不規則に軒を並べるのがこの市場の

特徴でもあり、面白いところでもある。近頃は昔ながらの店に混じって地元の大学との連携といった新たな試みの店や、新規開業の店舗も増え、改めて市内外から注目されている。

そんな旦過市場だが、近年は火災や豪雨による神嶽川の氾濫被害にも見舞われたこともあり、老朽化と防災の観点から、ついに再整備の動きが本格化している。店舗の他にイベントスペースやフードコート、託児所や駐車場も完備した、より多くの人たちが快適に楽しめる施設を目指す予定だ。

現在の趣ある市場に愛着を持つ人も多いだろう。小倉の街中にこれまでの旦過市場の姿がなくなるのを寂しく感じる人も多いだろう。そんな思いを持つ人たちのためにも、新生旦過市場には今までの歴史に負けないよう、たくさんの思いを未来に繋げ、新たなる時を刻んでいってほしいと願う。

旦過市場
小倉北区魚町4-2-18
MAP・P136

もりしたフルーツ

旦過市場の顔ともいえる、人情味あふれる店

魚町銀天街の一番南端。横断歩道の向かい側に見える旦過市場の文字。右手にはスーパーの丸和、そして左側にはこの店、「もりしたフルーツ」。もう何十年と変わらない馴染みの風景でもあり、旦過市場を象徴するものでもある。この場所にとって、そして小倉っ子の私にとって、もりしたフルーツの存在は空気と同じくらい当たり前なのだ。

　現在のようにスイーツメニューも提供するようになったのは、先代から果物とフレッシュジュースの店を森下悦子さん姉妹が継いだ時。プリンが丸ごと入ったパフェに、自家製のコーヒーゼリーを使ったパフェや、新鮮なカットフルーツがいっぱいのチョコレートパフェ。使用されるフルーツはもちろん旬のものなので、時期によって少しずつ違った味を楽しめる。あまおうパフェや、ブルーベリーパフェといった季節限定商品も人気だ。どれも素朴だが、果物屋さんの店頭ならでは、もりしたフルーツならではのスイーツだ。「パフェも美味しいけどね、みんなソフトクリームも美味しいって言ってくれるんよ」。森下さんが言うように、果物屋さんだから果物が美味しいのは当然。そこにソフトクリームの美味しさが相まっている

小倉北区魚町4-2-1 旦過市場入口
093-511-2683
10時〜24時
（金・土曜は〜翌2時、日曜は〜19時）
休・不定
P・なし
MAP・P136

からこその、もりしたフルーツのスイーツだ。

昼間でも、店頭には男性ばかりがソフトクリームやパフェを食べている場面に遭遇することもある。スイーツを出す店にしては珍しい。夜遅くまで明かりがつき、仕事帰りや飲んだ帰りの人々が、一日の締めくくりに甘いものと人情味を求めてやってくる。特に誰かが目にとめることもない。鮮烈な印象となって残ることもない。小倉の街中にあるそんな日常。だが、当たり前の風景を今日も普通に見ることができる。実はとても幸せなことなんだと思う。

menu

チョコレートパフェ 350円
プリンパフェ 350円
あずきパフェ 350円
コーヒーゼリーパフェ 350円
ソフトクリーム 300円
フルーツスムージー 350円
コーヒースムージー 350円

※あまおうによるイチゴパフェ、イチゴジュース、
イチゴスムージーも季節によってあり

かわいいだけじゃない。誰にとっても美味しくて平和な店

Dining Space Bar ICO+（だいにんぐすぺーすばー いこぷらす）

特に昔から飲食店をやりたいと思ったことも、料理人になろうと思ったこともなかった。サラリーマンをやっていたこともあった。しかし、気付けばいくつもの飲食店を持つようになっていたのが宮崎で生活していた頃。そして宮崎から地元北九州に戻って来た時に選んだコールセンターでの仕事に対しても、特に不満を感じるわけでもなかった。むしろこのまま続けようと毎日楽しく働いていた。そんなある日のこと。「不動産情報の広告とか、情報誌とかあるでしょ。あれ見るのが好きでよく見るんですよ。別に目的があるわけじゃなくても」。なかばルーティーンのように見ていた情報の中の一つの物件に目が留まる。旦過という場所にあるその物件が気になって仕方がなくなり、翌日にはその物件を契約していた。「コールセンターの契約もまだ残ってたし、どうしようって感じだったんですけど、こういうことになっちゃったんですよね」。オーナーの天野伸一郎さんの柔和でひょうひょうとした語り口調にごまかされ？一瞬なんてことはない内容のように錯覚しそうになるが、よくよく考えるとけっこう無謀とも思える選択である。でも、人生の転機というのは、案外そういうノリ一発のようなものかもしれない。

小倉北区魚町4-2-14
093-521-3331
18時30分〜24時
休・水曜
P・なし
MAP・P136

そして開いた店の名前は「イコプラス」。「どこか行こう」「みんなで行こう」「憩いの場」……そんな「気楽に行こっか！」という気持ちで来てもらえる場所にしたかったという思いから名付けられた。

店内のデザインから内装、インテリアも天野さん自身が手掛けたものだが、入った瞬間の印象は「かわいい」。狙ったわけではなさそうだが、やはり女性客が多いというのはうなずける。夜、女性が一人でもふらりと立ち寄り、1～2時間を過ごしたい時にぴったりなのだろう。そうかと思えば、カウンターには一人で食事をする男性がいたり。ちょっと遅めの時間でも、定食やパスタにご飯もの、そして天野さんが以前住んでいた宮崎名物のチキン南蛮といった一品料理など、ちゃんとした手づくりの料理をゆっくりと食べることができるというのは、小倉の街中で仕事を終えた男性にとっても心強いのではないだろうか。グループでここを利用したのをきっかけに、一人でも通うようになったという常連さんもいるようだ。50種類以上ノンアルコールカクテルが揃っているところも、お酒が飲めない人にとってはありがたい。実際、アルコールは抜きでごはんだけ、デザートとコーヒーだけ、という注文も少なくないらしい。ノーチャージでそれがOKなのも良心的だなあと思う。夜でもカフェ感覚で利用できるのはうれしい。こういったあらゆる人に対応してくれるこまやかさは、実は天野さんがいかに訪れる人たちみんなが、イコプラスという空間で心地よく過ごしてくれるかを常に考えているかのあらわれなんだなと思う。店をスタートしたエピソードから受ける印象とそのこととのギャップがまた面白いところでもある。

天野さんが、店名イコの後にプラスを加えた理由は、「時が過ぎていくことで、いろいろな気持ちが増えていけばいいな、なんて思って」。5年が経過した今、どのくらいのプラスが加わっているのだろう。そしてこれからもプラスの部分はさらに増えていくのだろう。

なすとひき肉の
トマトパスタ
700円

menu

定食 800円〜
パスタ 700円〜
チキン南蛮 600円
自家製ティラミス 480円
単品 380〜800円(前後)
コース 3500円〜(飲み放題込、前日までに要予約)

北九州〜大分〜宮崎とつながる東九州の台風の目となる予感？ 市場の小さなスコーン店

藍昊堂菓子舗 あおぞらスコーン

（あおぞらどうかしほ）

そもそも旦過市場自体が雑多な店の集合体ではあるのだが、その中でもひと際異色な存在ともいえるのではないか。いや、旦過市場内に限らず、スコーンの店というのは異色だと思う。少なくとも北九州市においては。

「その目新しさみたいなところを狙った部分もあります。注目されたいというのはありました。ここが注目されることによって、多くの若い人たちが旦過市場に興味を持ってくれればと思って」

そう語るのはオーナーの仲澤善優《なかざわぜんゆう》さん。旦過市場という名前だけなら、割と知られているところだろう。観光客風の人たちや、視察と思しきスーツ姿の団体を見かけることもよくある。しかし、地元の人で、実際に市場で買い物をしているような人々の年齢層は正直言って高い。「この店が、若い人たちが旦過市場に来るきっかけになり、さらに市場での買い物の仕方を知る窓口になればいい」。仲澤さんが旦過市場に店を出す狙いはそこだった。

また、スコーン以外にチーズ饅頭という、最近でこそ全国的にも知名度の上がった宮崎名物のスイーツを作るようになったのは、この場所を通じて、仲澤さんの

チーズ饅頭

小倉北区魚町4-1-4（旦過市場内）
093-383-8961
10時〜18時11分
（日祝日は11時〜17時11分）
休・不定
P・なし
MAP・P136

地元である宮崎をPRしたいというのがきっかけだという。「北九州出身じゃない人間から見た客観的な旦過市場の良さ、北九州の良さをどんどん発信していきたい。同時に地元宮崎の良さも伝えたい。この店をそういった情報の発信拠点にしていきたい」。旦過市場の小さな店が、スコーンという焼菓子をきっかけにした、北九州の、いや東九州の情報を集積し、それを拡散していく場として、とても大きな可能性を秘めた店かもしれない。

menu

スコーン各種 150円〜
　くるみシナモン、アールグレイ、ほうじ茶ラテ、
　フルーツキャラメル、カントリーチョコ他
チーズ饅頭 180円、フルーツチーズ饅頭 210円
ジャム 300円〜
　イチゴ、オレンジ、いちじく他季節のフルーツ

その他お菓子各種 100円〜
　プリン、ロールケーキ、
　マドレーヌ、ラスク、
　クロッカン他

パン各種

丸ごといちごジャム

ちゅうぎん通りに根付いた長年変わらぬ味

レストラン タカヤマ

現在ちゅうぎん通りと呼ばれる、魚町銀天街の西側にあり、南側はみかげ通りから続く形の通りがある。昭和の頃には中央銀座通りと呼ばれていたはずだ。中央銀座通り時代には確か入り口付近に映画館などもあったように記憶する。やはり昭和から平成へ、20世紀から21世紀へ時代が変わるにつれ、通りに並ぶ店の様子も結構変わっているもんだなと思わされる。

しかし、時代が変わっても、存在し続けるものも必ずある。レストラン タカヤマ。ぼんやりと通りを歩いていると見落としてしまいそうな目立たない店構えの小さな店だ。創業時から変わっていないであろう雰囲気のカウンターから、家族3人で調理や作業をしている所を眺めながら出てくる食事を待つ時間も店の趣きと同じく味わい深い。定番洋食ともいえるメニューの他にも、国産和牛のステーキといった高級なメニューも用意されているので、ちょっと贅沢したい時には頼んでみたい。

「昔、ご両親と一緒に来ていたお子さんがいつの間にか大きくなって、今度はその子どもさんを連れて来たりするようになったりね。親子3代で通って来てくれ

小倉北区京町2-1-5
093-521-8776
12時～22時
休・第1・3・4水曜
P・なし
MAP・P136

たりする人もおるしね。長くやっとるとね、そういうのも見れるんが嬉しいんよね」

つい「お母さん」と呼んでしまいそうになる、気さくなおかみさんの笑顔。いつ来ても変わらない味と、店の雰囲気に安心し、ずっと通い続けるファンは多い。そして初めて入ってもなぜか懐かしさと落ち着きを感じてしまう、そんな不思議な店。通りの景色が移り変わる中、40年以上変わらずに存在し続ける理由を、ぜひとも確認しに行ってもらいたい。

menu

特製ハンバーグステーキ
（+100円で卵かチーズのせ）
ポークソテー（塩、コショウ味）
ポークソテー日本風（生姜醤油味）
チキンカツレツ
チキンソテー
（以上全てライス付きセット 980円）

スパゲティナポリタン 980円
サービスディナー 3800円
（ポタージュスープ、肉or魚料理、サラダ、ライスorパン、コーヒー付き）

OCM（おーしーえむ）

ありそうでない。40年近く変わらず愛されるオリジナルなサンドイッチ店

初めてこの店に来たのは高校生の時だった。試験が終わった日、開放感でいっぱいの勢いで小倉の街中に寄り道。同級生たちと制服のままはしゃぎながら店内へ続く階段を上った。ケースにずらりと並ぶのは、サンドイッチの中身となるカラフルな具材。トレーを手に、「中身を二つ選んでいいんよ。二つ選んでも合計の金額やなくて、高い方の値段だけになるんよ。オススメはオリジナルやね。ミートソースっぽいんやけど、相当美味しいんよ」と、既にこの店を訪れたことのある子にシステムを教えてもらいながら、どれも美味しそうで二つ選ぶのに散々悩んだものである。「このパン、シロヤのらしいよ。イギリスパンなんがさ、かわいくていいよねえ」。さらに続く友達の解説を聞きながら、こんなにアメリカンでオシャレな店と美味しいサンドイッチが小倉にあったのかとひとしきり感動したものだ。まさに青春の思い出の場所。

きっと、似たような思いの人も多いだろう。ゴールデンウィークやお盆、年末年始といった長期休暇の時には、階下まで並んだ列と、そこからもれ聞こえて来る会話からそう感じる。店内の雰囲気も、味も、さらには値段も昔とほとんど変わり

小倉北区船場町3-6
近藤別館2F
093-522-5973
10時～20時30分（OS20時）
休・なし
P・なし
MAP・P136

なく存在していることの安心感。そして今では親子で同じ思いを繋いでいる人もたくさんいるに違いない。

　ちなみに店名の「OCM」なのだが、元々は0㎝（ゼロセンチメートル）＝原点という意味なのだそう。ゼロをオーにもじってOCM。さらに当初は「オセンチ」が正式な読み方だったらしい。開店当時の流行語のような言葉だが、いつの間にかオーシーエムと呼ぶ人が増え、自然とそれが正式名称となり現在に至るとのこと。オーナーの妻・清水美紀さんですら知らなかったというオセンチ時代を知っている人は、かなりのオーシーエム通だ。

menu

エッグ 370円
ポテト 380円
オリジナル 390円
ツナ 420円
フルーツ 470円
クリームチーズ 500円
チキン 500円
エビカツ 550円
ハンバーグ 500円
ホットコーヒー 350円
グレープジンジャー 340円
オレンジトマト 360円
クリームソーダ 430円

かしらと呼ばれる男が手がける、とにかく元気になれる店

焼きもんや菜's （やきもんや さいず）

「小学生の時から自分で料理するのが好きでね。学校終わって、飯作るけおいでって友達を家にたくさん呼びよった。みんな美味しいって食べてくれるのがまた面白いでね」。それが今や小倉の料理人や美食家たちの間でも兄貴分的存在となった、「菜's」の「かしら」こと定野透《さだのとおる》さんの原点だった。本格的に料理人を目指したのは19歳の時。東京の調理専門学校を経て、24歳で地元北九州へ。飲食店経営の会社の社員として勤めた後、36歳で独立した。

店名に「菜」の文字が入っているとおり、地元の新鮮な野菜をたくさん食べてもらうため、かしらはアイデアを形にし、腕をふるう。野菜が取り入れられているのは料理だけではない。ベジタブルカクテルはしっかりとした野菜の醍醐味を味わえる上に美味しく飲みやすいと男女問わず人気だ。

また、「焼きもんや」という名の通り、七輪を使った魚介や地鶏などの肉類の炭火焼もこだわりの味で楽しめる。「焼肉屋なら素材の良さをそのままどうぞ、ってなるけど、うちは創作料理やけね。それぞれの肉の種類や部位にはこれが一番合っとる！というソースやら味付けを考えて出しとるからね」

小倉北区船場町7-11
093-522-8313
17時～23時
休・月曜
P・なし
MAP・P136

2015年10月10日に20周年を迎えた菜's。これまで「食を通して心と体を笑顔にする」をモットーにしてきたかしらに、これからの目標を尋ねると「菜'sの料理は体にいいとか、健康に気を使っとる人が外食するなら菜'sが安心とか、そういうのを超えてね。これから先、いつかはうちの料理を食べたら病気が治る!くらいのことができんやろうかと思いよるんやけどね」。あまりにも突飛な話に聞こえるが、楽しそうに話す、かしらのトレードマークとも言える笑顔に、この人なら本当にやってしまいそうだなという気がしている。

menu

地鶏の相盛り炭火焼 864円
名物やきとん 518円
トマトのマリネのカプレーゼ 734円
関門だこのペペロンチーノピッツア 734円
おすすめ野菜天ぷら盛り合わせ 864円
生ハムと温泉卵のシーザーサラダ 918円
ベジカクテル各種 648円

異色なうどん屋は夜開く

櫻や（さくらや）

小倉といえば焼きうどん。しかし、小倉にはもう一つ名物のうどんがある。それが通称「どきどきうどん」とも呼ばれる肉うどん。小倉の肉うどんに使われているのは牛のほほ肉を甘辛く煮込んだもの。ルーツは戦後の食糧難の時代にあるともいわれている。さらにすりおろしたしょうががトッピングされるのが定番だ。が、両親共に小倉っ子で、自身も小倉育ちにもかかわらず、実はこの肉うどんのことをブームになるまで知らなかった私。ホントにこの肉うどんって昔っからあったん？昨今のご当地グルメブームに乗っかって言い出しただけなんやないん？

「昔からありましたよ！絶対ありました！むしろ自分にとって肉うどんってこのどきどきうどんのことでしたもん」。私の疑問をきっぱりと否定した店主の櫻井武流《たける》さんももちろん、生粋の小倉っ子だ。「櫻や」を始める前は、東京で全く別の仕事をしていた。「東京でスカイツリーを作ってました」。余りにもシンボリックな名詞を出され、びっくり。要するにとび職の親方をしていたとのこと。それまでの仕事の経験、収入、立場を捨ててまで小倉で肉うどんの店を開いたのは、やはり地元に対する思いの強さからのようだ。

小倉北区紺屋町6-25
070-5530-3052
19時～翌4時
休・日曜
P・なし
MAP・P136

小倉肉うどんの店の多くは小倉南区の北部にあり、しかも早朝から営業している店が少なくない。ほぼ午前中だけで営業を終えるような店もある中、櫻やの方向性は真逆である。立地は小倉中心の飲食街の中だし、営業時間も夜から早朝といううどん屋にしては珍しいものだ。

看板商品の肉うどんは、北九州のうどんには珍しい、コシのしっかりした自家製麺。肉は上質な国産牛のほほ肉とすじ肉。柔らかすぎない煮込み加減のお肉がたっぷりでかなりの食べごたえがある。

「小倉の肉うどんの美味しさを、もっとたくさんの人に知ってほしい。北九州はこんな美味しいものがあって、すごくいい所なんですよって。そのためにまずは福岡市内に出店して、いずれは全国……ですかね」。スカイツリーを作っていた街で、今度は肉うどんを作る櫻井さんの姿が見られる日がくるかもしれない。

menu

肉うどん
　普通 680円、大盛り 780円
ジャンボ若鶏の唐揚げ
　3個 450円、4個 600円、5個 750円
アボカドのお刺身（1個分） 450円

ジャンボ若鶏の唐揚げ

ブタ肉が主役のスペインバル

BUTABARきれんじ家 馬借店

（ぶたばるきれんじや　ばしゃくてん）

まずはBUTABAR（ブタバル）って何？その店名に対する純粋な疑問を店長の田中清志さんにぶつけてみた。「みなさんが肉と言ってイメージするのは牛肉だと思うんですが、ここ、北九州、福岡県では鶏肉が多い。なのであえて豚肉にスポットを当ててみようかなと」。以前は普通にスペインバルとして営業していたが、2014年冬、豚肉に特化した店として新たにスタート。「みんなとは違うことをしたかったんですよね。目新しいことがしたくて」。要するに豚肉をフューチャーしたバル＝BUTABAR。そのまんまじゃないか。

豚肉に特化したというだけあって、扱う豚肉には当然こだわりがある。例えばスペインで豚肉といって思い浮かべるのはイベリコ豚というのが普通であるが、ここではガリシアプレミアムポークなど、あまり耳にしたことのない珍しいブランド肉を月替わりで提供。もちろんスペイン産だけではなく、国内産のものも登場する。北九州ではなかなか食べることのできない豚肉に出合うチャンスがこの店にはある。豚肉推しの店なだけに、口コミでのカツカレーの評価も高い。

2016年7月には、小倉駅からほど近い、鳥町食堂街内に魚町店も開店。ラン

小倉北区馬借1-10-2 日之出ビル1F
093-521-8860
11時30分～15時（OS14時30分）
18時～24時（OS23時30分）
休・日曜
P・なし
MAP・P136

チメニューは全く別のものを提供している。「馬借店は比較的男性も満足のガッツリ系のランチになっていますが、魚町店の方は女性ウケもいいような内容のメニューにしています」

「小倉中をびっくりさせたい」というオーナーの個性が際立つ店だが、その料理は奇をてらわない堂々の正統派である。

menu

日替りランチ 850円
殿カツカレー 880円
ぶたまみれ(4種のブタ料理盛り合せ)
M(2〜3名) 1880円
L(4〜6名) 3760円
本日のタパス 3種980円
海賊パエリア、イカスミのパエリア
各M1680円、L2980円
ブタバルのローストビーフ 980円

「フランスマニア」が手掛ける、日常のフランス料理

L'ami（らみ）

ランチタイムはカスクルート（サンドイッチ）、夜はトレトゥール（フレンチ惣菜）やフランスの郷土料理。フランス料理といっても、いわゆるフレンチレストランではなくビストロ。フランスにある、日常の食事を気取らずにいただける店だ。

フランスをこよなく愛するオーナーシェフの出島麻樹子さん。フランスでは店にずらりと並ぶサンドイッチを昼食に選ぶ人が多いという。その中身を自分で選ぶことができたらいいのに、という発想から、ラミのランチタイムの形態が生まれた。ゴマパン、バゲット、フォカッチャの3種類のパンから一つを選び、ケースの中に常時20種類以上並ぶトレトゥールから、好みのものを2種類選ぶ。自分流のカスクルートの完成だ。特に焼サバのサンドの美味しさは、これまで知らなかったことを後悔するほど。野菜の味が生きたラタトゥイユや、ブルターニュ産のクリームチーズとの組み合わせがおすすめだ。

年に一度は必ずフランスに旅立つ。その年によって訪ねる地方は様々だという。「お店のためにって気持ちはありますけど、大好きなフランスをただ楽しんでしまいます」。そう言ってあどけないほど屈託のない笑顔を見せる出島さん。その柔ら

小倉北区馬借1-7-17 Jフィールド2F
093-541-1773
11時30分～15時、17時30分～22時
休・月曜、第1日曜
P・なし
MAP・P136

かな雰囲気からはなかなか想像できないほど、料理に対する姿勢は頑固である。

「フランスの日常を感じてほしい。昔ながらのフランスの郷土料理から外れたくないです」。ビシッと一本筋の通った、硬派が貫かれた店。それがラミである。

menu

（昼）
カスクルート 1個550円
（＋350円でスープとサラダのセット。
テイクアウトは＋50円）
ポン・フリット（フレンチフライ） 小300円
コーヒー（ホット、アイス） 280円
紅茶（ホット、アイス） 300円

（夜）
ラタトゥイユ 500円
季節のフルーツのサラダ仕立て 1200円
エスカルゴのオーブン焼 1100円
ステークフリット 2300円
骨付仔羊のロティ 2400円
※その他前菜、メイン等各種

美味しい街・馬借の古豪

生パスタのお店 ラ・ファリーナ

馬借と呼ばれる街には、近頃ジャンルを問わず気になる個性的な飲食店が増えてきた気がする。そんな馬借の以前からちょっと知られた路地の小さなレストラン通りともいえる場所にあるのがこの店だ。オーナーシェフの重久健一さんが「魚町とか京町の小倉の街中からも結構近いのに、街中ほどごちゃごちゃとしてなくて騒がしくないところがいい」と言うとおり、繁華街からちょっと足を延ばし、モノレールが頭上を走る国道から少し路地に入っただけでこの落ち着き。

そんな中で、15年目を迎えたラ・ファリーナは古参ともいえる店だろう。「ここまで来たらもう安泰なカンジですよね?」「とんでもないです。そういう風に言われることもありますけど、まだまだ全然です。毎日必死でやってますから」。開店以来、生パスタを使う理由は、北九州から東京に出て、さらにイタリアで勉強中に見たパスタマシーンへの思いから。店を出す際に導入した、イタリアで見た物と同じパスタマシーンで毎日作られた生パスタはもちろんのこと、重久さんがこだわる「素材一つひとつの美味しさ」がそれぞれの料理に生かされている。

「気が付いたら、ランチのお客様に妊婦の方が結構多いんですよね」。すぐ近く

小倉北区馬借3-2-4
093-521-2676
11時〜OS13時30分
18時〜OS21時
休・日曜、第4月曜
P・なし
MAP・P136

に大きな総合病院があるからとも思うが、心身共にデリケートでもある妊婦の方がランチにこの店を選ぶのも分かるような気がする。メニュー、味、素材、雰囲気……、いろんな部分が「自分にあげるご褒美」にぴったりフィットするのではなかろうか。あなたも自分への、そして大切な人へのプレゼントにこの店を選んではいかがだろう。

牛すね肉のミートソースフェットチーネ

menu

日替りパスタランチ（ドリンク付き） 1000円～
（サラダ、スープ、フォカッチャ付き）
ブロッコリーと干しエビのクリームスパゲッティ 1080円
牛すね肉のミートソースフェットチーネ 1180円

組み合わせの妙に驚きの創作うどんの数々

うどん秋月（あきづき）

「もう好きなことをしたい」。店主の時津雄大さんはそれまでのサラリーマン生活をやめ、3年の修業を経て始めた「好きなこと」は、子どもの頃から大好きだったうどんの店だった。「やっぱり北九州で麺類といえば、子どもの頃からうどんだったでしょ?」。時津さんからは冒険心や好奇心といった類のものがあふれているように感じられるのだが、それは秋月のメニューにも大いに反映されている。グリーンカレーペースト、ココナツミルク、カレーペーストをうどん出汁で割った「タイカレーうどん」や、担々麺の美味しさをうどんに生かせることを実証した「黒ごま担々うどん」、さらには「きつねモッツアレラうどん」「酸辣湯うどん」など、意表をつかれた組み合わせの虜となる人続出のうどんの名前が並ぶ。他のジャンルの店で、新しいうどんのヒントがひらめくことも多いそうだが、そのひらめきを実際に美味しいうどんとして提供するためには、かなりの工夫をし、研究を重ねているのだろう。うどん以外のメニューも豊富。うどん屋といえば丼物がつき物だが、定番のカツ丼の他にミニチキン南蛮丼、ミニエビフライタルタル丼、ミニエビとアボカドのかきあげ丼など秋月らしい個性的な丼がミニサイズで用意されており、

小倉北区馬借2-1-22
093-512-1828
11時30分～14時30分
18時～OS23時30分
休・日曜（土曜は夜のみ営業）
P・あり
MAP・P136

うどんとセットでいただくのにもちょうどいい。また、黒ごま担々鍋、小倉うどんSUKIといった鍋料理や、揚げ物、おでんといった一品料理も揃っており、アルコールの種類も豊富。夜は「うどん居酒屋」として、一人でも、家族でも、仲間同士でも楽しむことができる。

お客に驚きを提供したいという時津さんの思いは、「オンリーワン商品」と呼ばれる創作うどんの数々のみならず、定番メニューに至るまで、一度店に行って食べてみれば語らずとも伝わるはずだ。

menu

かけうどん 400円
ごぼう天うどん 520円
肉うどん 600円
タイカレースープうどん 780円
黒ごま担々うどん 780円
きつねモッツァレラうどん 780円
酸辣湯うどん 780円

限定ランチセット 500円
A：かしわおにぎり2個＋うどん
B：卵かけごはん＋ミニうどん

巻き巻きナンチキンセット

子どもから大人までOKの本格インド料理

インドキッチン　ギタンジャリ

インド雑貨が大好きで、インド料理店で働くうちに、インド料理の奥深さにすっかり魅了されてしまったというオーナーの下野恭子さん。「インド料理を出すカフェを狙ったんですけど、私が集めたインド雑貨を置いたり、気づいたらコテコテのインドな店になってました」

下野さんが一緒に仕事をしてきた中でも「一番味が良くて合う」という、インド出身のコック・ブミさんの作る料理はまさに「インド風料理」ではなく「インド料理」。丹念に葉や実から砕かれたスパイスを数十種類も使用し、野菜やナッツといった素材そのものの味を生かしたカレーや単品料理の数々。「自分が食べたくない、子どもに食べさせたくないような素材は絶対に使いません」。下野さんの言葉からも、体を内側からきれいにしてくれそうな料理だなという、私の持った印象が当たりであることを確信。

日本人向けのアレンジをしていない本格インド料理ではあるが、下野さんが「毎日でも食べられるインド料理を出したい」というように、特徴はあるけど決して食べにくくはない。オーソドックスなチキンバターやキーマといったカレーは当

小倉北区室町2-11-4 TMビル1F
093-583-0265
11時～15時
17時30分～22時30分
休・第1・3水曜
P・なし
MAP・P137

2種類の
カレーセット

マトンビリヤニセット

然のこと、個性的な料理もむしろ病みつきになりそうな美味しさだ。

２０１６年６月に馬借から西小倉駅近くの現在地に移転。ランチタイムには以前よりビジネスマンの姿も増えた。中でもインドから仕事で北九州に訪れている人が多いことに下野さんは注目。「食に対して注文の細かいインドの方の要望にもしっかり応えることができるのが強み」。まわりにも元気とパワーを与えてくれる下野さんと、お茶目だが、コックとしては誇り高い職人気質のブミさんの強力タッグで、今日もパワフルに営業中だ。

menu

（ランチメニュー）
巻き巻きナンチキンセット
1100円
選べる日替わりセット 950円
バターチキンカレーセット
1200円
２種類のカレーセット 1300円

（ディナーメニュー）
マトンビリヤニセット
1500円
2種類バスマティセット
1500円
モモ（蒸し餃子6P） 500円

コラム
小倉で「カナッペ」といえば

「カナッペ」といえば、クラッカーの上にハムやチーズやポテトサラダ、ちょっと贅沢なものだとイクラ等々を載せた、立食パーティーに出てきそうなオードブルのことである。と、大方の人々は認識しているだろう。しかし、北九州、小倉で「カナッペ」といえば、まったく別の食べ物が登場するのである。食パンで魚のすり身をロールして揚げた、胡椒の刺激がアクセントとなったお惣菜。それが小倉のカナッペだ。長崎名物のハトシを三角形のサンドイッチだとすると、小倉のカナッペはロールサンドと思ってもらってもいいだろう（ハトシ自体を知らないと余計にわかりにくい例えだが）。旦過市場にある「小倉かまぼこ本店」の看板商品なのだが、小倉っ子にはこれこそがカナッペなのだ。ごはんのおかずにも酒の肴にも、さらには小腹が空いた時のおやつにもなるという1個140円の優れた存在。今やクレープやドーナツ感覚で、揚げたてを狙って購入、そのまま食べながら旦過を歩く女子もいるとかいないとか。私のような昭和の人間からすると軽く驚く光景ではあるが、カナッペ女子というのが旦過を代表する名物になってもいいかもしれないな、とも思う。

小倉かまぼこ本店
小倉北区魚町4-4-5
093-521-1559
9時30分〜18時
休・日祝日
MAP・P136

門司港周辺

アジアからヨーロッパへマルコの「西方」見聞録

プリンセスピピ

「初めて風師山《かざしやま》から関門海峡を見下ろした時、トルコのボスポラス海峡を見た時と同じ感覚を味わったんです。体の中から、心の底からうわーって身震いがするみたいな感覚。それがこの地に根を下ろそうと思ったきっかけかな」。オーナーシェフのマルコこと岡嵜孝和さんの言葉を聞いて、私も改めて門司港という街の希少性に気付くことになった。日本全国に港町と呼ばれるそこそこ有名な街はたくさんある。しかし、「海峡の港町」としてそれなりの規模にある街は、そんなには存在しないのではないか。対岸の下関にしても、あまり港町というイメージは強くない気がするし。

元々は名古屋出身の岡嵜さんが根を下ろそうと決意するほどの衝撃を与えるのが門司港という街の持っている魅力とパワーなのだろう。案外地元北九州の人は気付いていないかもしれないが……。岡嵜さんが門司港の地に足を踏み入れたのは、当時社員だった建設会社の現場監督としてだった。いずれこの町で店をやってみたいという思いを抱きながら、海外で自分の力を役立てたいという気持ちも強く、青年海外協力隊の隊員の選考に応募し、合格。派遣待機をしている間に門

門司区西海岸1-4-7
門司港センタービル1F、B1F
093-321-0303
11時〜15時、18時〜22時
休・火曜（祝日は営業）
P・なし
MAP・P137

司港での出店の話が具体化した。人生とは本当にちょっとしたタイミングひとつで大きく変わるものだなとここでも再確認させられる。

それにしても、いわゆる多国籍料理の店とは随分イメージが違う。何かしらの茅だったりヤシだったりも主張していなければ、お香の匂いも漂っていないし、何より店内が明るい(私のイメージが貧困なだけかもしれないが)。「『アンナと王様』って映画があるでしょう。あの世界観が大好きなんですよね」。岡嵜さんの口

幸せの春巻き 1本324円

からそれを聞いた時、ああ、なるほど！と、私がこの店に感じていたことの回答を得た気がした。タイの王様とイギリスからやって来た家庭教師の物語。アジアとヨーロッパのミクスチュア。エキゾチックさとキュートなノーブルさ。プリンセスピピはまさにそれだ。若い頃1年をかけてタイからトルコ、東欧までを踏破、その後もイタリアなどを見物した岡嵜さんの経験と感性の集約だ。

門司港といえば焼きカレーというのが今や全国的にも当たり前となっているようで、門司港に来たからには焼きカレーを食べて帰らないと！という声もよく聞く。その気持ちは分かる。プリンセスピピの焼きカレーも、門司港焼きカレー美味しかった店第1位に選ばれただけあってその見た目の華やかさも、使われている野菜の多さも、もちろん味も語るまでもない一品なのは間違いない。が、もし、同行者とシェアしたり、何度目かの訪問だったりする場合は、ぜひ焼かない方のカレー、野菜カレーをチョイスすることを個人的にはオススメしたい。他ではなかなかお目にかかれない、もりもりの野菜の食べ応えには、これまでの野菜カレーの概念を変えられてしまった私だ。

また、王様の焼きカレーは発送も可能。店とまったく同じものを、ちょっと気の利いたピピらしい器に入れて冷凍したものを届けてくれるので、何度も店には行けないけれどピピの焼きカレーが忘れられない、という場合にも心強い。遠くの友達や親戚へのギフトにも喜ばれそうだ。

一日分の野菜カレー

王様焼きカレー

menu

カレーランチ（平日11時～OS14時）918円
門司港レトロセット（ランチ限定）1620円
王様焼きカレー（サラダ付き）1080円
一日分の野菜カレー（サラダ付き）1080円
トムヤムクン 864円
門司港レトロコース（7品）3240円
オリエンタルコース（7～8品）4212円

おまかせヤムチャ 864円

地元の人が気軽に通う、門司港の本格イタリアン

プロペラキッチン

門司港駅からすぐ近く、カフェや雑貨店など女子うけしそうな洒落た店が揃う一角にあるイタリアンの店。外観の看板やグリーンの配置にもセンスの良さが感じられる。さすが「おしゃれ港町」などと紹介される門司港にぴったりだなあと思う。観光客が多いんだろうなあと。しかしだ。平日のランチ時の店内は近くで働く人々でいっぱいだし、週末でもご近所さんだろうなという人が目につく。どう見ても地元から親しまれる街のイタリア料理店といった感じだ。

意外なことに、門司港でちゃんとしたイタリアンを食べられる店が少ない。今日はパスタが食べたい！という時の選択肢があまりないのだ。この店があって本当に良かったと思う。ここに来ればパスタやピザといったイタリアンの代名詞的メニューのものからワインのお供になる一品料理まで、さらには記念日などには予約を入れればコース料理まで楽しむことができる。いくら選択肢が少なかろうと、美味しくなければ食べに行くという選択をしないのは言うまでもない。特に一度は食べて欲しいのが関門タコのラグーパスタ。蛸壺をイメージした盛り付けの見た目のインパクトもなかなかだが、ぶつ切りのタコだと大きくて食べにくいと

門司区西海岸1-4-16
新海運ビル1F
093-331-1021
11時30分〜OS22時
休・火曜
P・なし
MAP・P137

いう意見を反映し、少し細かく刻んでラグーに仕立ててある。

オーナーシェフの中嶋丈雄《なかしまたけお》さんが「あえてこだわると言えば、本格的なイタリアンを美味しく、リーズナブルに提供することだけです。週に2、3回と通ってくれる方もいらっしゃいますし、皆さんに負担にならないようにずっと来ていただきたいので」と語るように、やはり地元の常連さんともいえるお客が圧倒的に多いとのこと。観光地にありながら地元の常連客が多い店ほど、絶対にいい店だと私は思っている。

関門タコのラグーパスタ

menu

ランチ（パスタ、サラダ、パン、ドリンク付）
平日 850円、土日祝 1000円
関門タコのラグーパスタ 900円
サーモンとキノコのクリームパスタ 950円
本日のリゾット 850円
ピッツァ・マルゲリータ 1100円

これから全国区を目指す門司港のソウルフード

二代目清美食堂

（にだいめきよみしょくどう）

門司港名物といえば焼きカレー。しかし、門司港にはもう一つ、ソウルフードともいえるものがある。それが「ちゃんら〜」。うどんスープに似た、和風だしのスープにちゃんぽん麺を入れたもので、具はもやし、キャベツ、かまぼこや豚肉といったシンプルなものだ。まだ日本が現在のように豊かでない時代に考案されたメニューだという。そのちゃんら〜を看板メニューとして評判だったのが初代の清美食堂。時には店内からあふれるお客を家族の居住スペースに入れていたこともあるほどの人気の店だった。しかし、店主は高齢となるも息子は家業を継がず、芸能界を目指して上京。惜しまれつつ店は1999年に閉店した。

「自分の我がままで店を継いでやれなかったという思いと、親孝行をしたいという思い。彼の清美食堂を復活させたいという熱い気持ちに動かされ、じゃあ自分もその思いに乗ろうじゃないかと。これまでずっと続けていた仕事も辞めて、清美食堂復活に残りの人生をかける決心をしました。飲食業の経験もないのに」。初代店主の息子であるタレント・芋洗坂係長の同級生、榎木一馬さんが二代目清美食堂の店長を引き受けた背景には、そんな浪花節的男気の世界があったのだ。

門司区東港町2-25
093-342-9386
11時〜15時、17時〜21時
（日曜は11時〜19時）
休・火曜（祝日は営業、翌日休み）
P・あり
MAP・P137

榎木さん、芋洗坂係長の姉の範子さんとともに復活した二代目清美食堂。予想以上に初代のお客が多く、改めて初代の人気を実感し、それがプレッシャーでもあるそうだ。「昔からのお客さんの期待は裏切れない。メニューも当時よりまだ少ないし、初代に追いつくにはもっと努力をしていかないと。さらに新しいファンの方も増やして、門司港のちゃんら～を全国区にしたいですね」。親孝行や地元への恩返し。この店には料理だけでなく想像を超えた熱い物語があった。

menu

ちゃんら～ 450円
焼きちゃんら～ 550円
ちゃんら～セット（ごはん、お好みのおでんひとつ、お漬物） 550円
焼きちゃんセット（焼きちゃんら～、おにぎり、お吸い物） 650円
焼きめしセット 750円
ちゃんカレーセット（ちゃんら～、ハーフサイズのカレー） 750円

焼きちゃんら～

最高のロケーションで絶品うにづくし

二毛作の店 海門 （にもうさくのみせ かいもん）

門司港レトロ地区の中心部ともいえる場所にある海峡プラザ。飲食から土産物、アミューズメントまでが揃う施設だ。四季折々だけではなく、朝昼夜と、時間帯によっても違った表情を見せてくれる門司港の景観を存分に楽しめるロケーション。その中にあるのが「海門」。「二毛作の店」とは、昼は食事処として、夜は居酒屋として楽しめるという意味だそう。友達同士、家族連れ、一人でもグループでも、いろんなシチュエーションで利用できるという意味も含まれているかもしれない。

市販されている瓶詰めのウニ。あの発祥の地が下関というのをご存知だろうか。関門地域はふぐだけでなく、ウニの町でもあるのだ。そのウニにスポットを当てたのが海門のうに料理。ウニの中には、変なクセがあり食べにくいものも正直ある。しかし海門で出されるウニにはそんなハズレはない。濃厚な旨味とトロリとした舌触りはしみじみと幸せを感じさせてくれる。特にうにの炊き込みご飯をひつまぶしのようにアレンジしていただく「うにまぶし」は斬新な美味しさだ。「せっかく美味しいウニがあるのだから、それを使った北九州ならではの名物を作りたい」。それが「関門うにまん」が誕生した理由。竹炭が練りこまれた黒い皮の中に、

門司区港町4-1 海峡プラザ東館2F
093-322-1173
ランチ 11時30分～14時30分（OS14時）
※土日祝は～15時（OS14時）
ディナー 17時～22時（OS21時）
休・なし　P・あり（共用）
MAP・P137

練りうにのあんがたっぷり。とりの軟骨が食感のアクセントとなっている。ちょっとしたおやつに、酒の肴にと幅広い年齢層におすすめできる。さらに従来のうにまんに生うにをプラスした「うにまん極」は、正に名前通りの極上品だ。あまりにも贅沢なうにの使い方。白ワイン、醸造酒にぴったり。「博多といえば辛子めんたい。それに匹敵するように、北九州といえばうにまん。それくらいの名物になるのを目標にこれからもさらに頑張っていきたい」。海門オーナーの芳賀《はが》元生《もとお》さんの地元愛は、物静かな中にもとても熱く燃えている。

menu

海の幸丼 1458円
うに丼 2916円
ふぐ丼定食 1944円
焼きカレー 1015円
刺身三点盛 864円
関門うにまん 1個324円
関門うにまん極 1個864円

港町で最高級の肉を堪能したいあなたへ。

伊萬里牛ハンバーグ&ステーキ MOJISHO（もじしょう）

古くからの商店街、栄町にある焼肉店「門司笑」。「ミシュランガイド福岡・佐賀2014」にも掲載された人気の店である。ここのランチは上質な肉を使用したハンバーグなど肉料理を手軽に食べられるということで有名だったのだが、キャパシティーが限られていたりと、なかなか多くの人に提供するのが難しかったそうだ。何度行っても売り切れでなかなかありつけないという話もよく耳にしていたものである。私自身、割と早い時間にランチ終了の看板が出ているのを何度も目にした。そういった今まで門司笑のランチにたどり着けなかった方のためにも、より多くの方に「門司笑」のランチを提供したいという目的もあって、2016年4月にオープンしたのがこの海峡プラザの店「MOJISHO」だ。

観光地の中心ということもあり、幅広い層の来店客に対応するためのレストラン形態。本格的伊萬里牛ステーキから、子ども向けメニューまでが揃う。それでももちろん、「伊萬里牛というブランド牛を北九州で広めたい。安心・安全・本物の、最高品質の肉を味わってほしい」というコンセプトは揺るがない。

「一度食べていただければ、この肉のおいしさ、クオリティの高さをわかっていた

門司区港町5-1 海峡プラザ西館2F
093-331-4129
10時～21時（入店は20時まで）
休・なし
P・あり（共同）
MAP・P137

だけると自信を持って提供しています」

これぞ肉を食べる醍醐味ともいえるステーキのほか、ハンバーグに門司港名物焼きカレー、さらにはハンバーガー。なじみのあるメニューで気軽に最高の肉の味を楽しめるのはありがたい。門司港に観光で訪れた方にも、ビジネス来訪の方にも、そして地元北九州の方にも、海を眺めながら最高においしい肉をがっつりと食べる幸せを存分にあじわっていただきたい。

menu

伊万里牛黒焼きカレー 1685円
MOJISHO焼きカレー 1069円
伊萬里牛サーロインステーキ（150ｇ） 5378円
伊萬里牛モモステーキ（100ｇ） 2138円
伊万里牛ハンバーグ（150ｇ） 1685円
MOJISHOハンバーグ（150ｇ） 1069円

※以上全て単品。ライスセット（ライス・サラダ・スープ）、パンセット（パン・サラダ・スープ）各＋518円

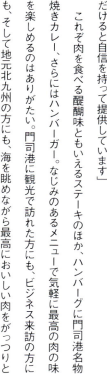

港町で味わう繊細かつ極上のふぐ料理

ふく問屋 あたか

関門と言えばふぐ料理の本場である。知名度という点では、対岸の下関の方が優っているのは否めないところではある。しかし、だからこそ門司港はふぐを食す街としては意外にも穴場と言えるのではないだろうか。いわゆるB級グルメと呼ばれる類ではなく、高級グルメであるふぐ。日頃頻繁に食するものではないだけに、食べるとなったらよりいい物を食べたいと思うものである。ここ、「あたか」はそんな「たまの贅沢」にも良心的に応えてくれる店だ。

地元、北九州はもちろん、遠く関西から、さらには東京からの来店客も多いという。「飛行機代を使って来ても安くつく。」「こんないいふぐ、東京でこの値段では絶対に食べられない」、そう言われるほどのふぐ料理をここでは食べることができるのだ。

「あたか」では、ふぐへのこだわりは当然だが、そのこだわりは他の魚介類だけではなく、使用する野菜にも及ぶ。有名な若松産のトマトをはじめ、旬の時期に手に入る、鮮度のいい、質のいい地元産のものをできる限り使用する。脇役と思われがちな存在にも手は抜かない。

門司区栄町6-15-1
093-332-2650
11時30分～15時(昼は要予約)
17時30分～22時(OS21時)
休・月曜(祝日は営業、翌日休み)
P・あり
MAP・P137

個人利用はもちろんだが、忘年会や歓送迎会、同窓会といったグループ利用でも気の利いたメニューを提供してもらえることでも定評がある。今は地元を離れ、北九州に帰省してきた際の集まりなどにも、関門ならではの海鮮料理を味わえることでとても人気が高い。

まずはランチでリーズナブルに利用してみるのもいい。そして時々は奮発して夜にじっくりふぐのコースをいただく。門司港の商店街方面に足を向けると出合える、こんな贅沢な楽しみ方ができる店。それが「あたか」だ。

menu

ふくフルコース 10800円
天然とらふぐコース 12960円
とらふぐ&白子コース 7560円
白子（塩焼き、刺身、湯引き）各種 2160円正真正銘・昭和レトロな「甘党の店」

甘党の店 梅月（ばいげつ）

栄町商店街に古くからある店。開店直後から店が満席になることも珍しくない。では昼時をはずせば大丈夫だろうと思って行ってもやはり店内には多くのお客。要するにいつ行っても人が多い。店の外で待っている人を見かけることもしばしばだ。特に夏休みシーズンは遠方からの観光客が増える上、かき氷が提供される時期というのもあって、常連客がなかなか入れなくなるほどだという。

屋号の前に「甘党の店」とあるように、甘味処として先代が始めた店。現在の店主松下敏幸さんが二十代で後を継いだ際に焼きそばなどの鉄板類も出すようになった。ぜんざいや小倉ソフト、夏季限定かき氷の梅月スペシャルなどに使われているのは「これが一番美味しい」と自慢の大納言小豆。ふっくらつやつやと茹で上げられ、出来上がってから一日寝かしてから提供される。豆の食感も生きており、梅月ならではの仕上がりだ。抹茶も京都宇治の石臼引きを使用。注文が入ってから点てられる。焼きそば、焼きうどんに使うソースは地元の醤油をベースにした8種類のオリジナルブレンドで、この旨味が後をひく。「美味い、安い、ボリュームがある」と三拍子揃っているだけでなく、一つひとつのメニューに対するこだわり

門司区栄町1-10
093-321-1344
11時45分～18時30分
（土曜・祝日は～17時30分）
休・日曜
P・なし
MAP・P137

もきめ細かいのだ。

最近ではもう他ではほぼ見ることができなくなった口金で作られる、丸っこいフォルムがかわいいソフトクリームを食べていると、まるで子どもの頃からこの店が近所にあって、通い続けていたような錯覚に陥ってしまう。この懐かしい雰囲気の居心地のよさは確実に病みつきになる。門司港といえば整備されたレトロ地区に目が向かいがちだが、一歩足を延ばせばこんなに近くに、昭和レトロをさりげなく今に伝える店があるのだ。

menu

ぜんざい 480円
ソフトクリーム 200円
抹茶小倉ソフトクリーム 350円
モダン焼き 430円
焼きそば 380円
焼きうどん 380円

かき氷（5月下旬～10月初旬）
　梅月スペシャル 580円
　宇治金時 480円
　宇治クリーム 480円
　ミルクかけ 430円
　みつかけ 300円

コラム

門司港から対岸に渡って

1900年に建てられた登録有形文化財でありながら、下関南部町郵便局として現役活躍中の建物である。その一角にあるのが「カフェ多羅葉」。「ポストギャラリー　レ・ト・ロ」として音楽イベントやブライダルにも利用されている場所だ。本物の古い建物だからこその重厚な雰囲気の中で、ランチやお茶を楽しむことができる貴重なカフェ。下関出身の作家・林芙美子の好物だったというハヤシライスをはじめ、カレーライスやデザートの焼きたてワッフルセット、ハーブティーなどが、意外にもリーズナブルにいただける。

下関でグルメといえば、唐戸市場で新鮮な魚介類を満喫というのが定番だが、たまには趣向をかえて、関門で過ごす一日の立ち寄りスポットの一つにここを加えてみてはいかがだろう。

ポストギャラリー　レ・ト・ロ
カフェ多《た》羅《ら》葉《よう》
下関市南部町22-8
083-250-6741
11時～19時
（木曜は～13時
土日祝は～17時）
休・火曜　P・あり
MAP・P137

ハヤシライスセット 850円
焼きたてワッフルセット 750円
コーヒー（HOT） 450円

北九州市東部（門司区、小倉北区、小倉南区）

本格讃岐うどん　おに吉

「おに切れ」という言葉を生んだ、禁断症状覚悟のうどん

博多のうどんに象徴される「やわいうどん」が苦手な私は、当然その対極にあるコシが勝負!?の讃岐うどんが好きなのである。テレビの情報番組などで本場の讃岐うどん特集を見かけると、ああ、いつかあそこで釜玉うどんを食べてみたいという思いがこみ上げてくる。しかし、そうそう本場に行く余裕は時間的にも経済的にもないわけで。とんこつラーメンを食べるだけに東京〜福岡を飛行機で日帰り往復するという噂の芸能人もいたが、なんという贅沢な行為であろうか。

そんな時知ったのが「おに吉」。美味しいうどんの店という知人からの情報だけで訪れた私であったが、ここ、本格讃岐うどんの店ではないか。

店主の鬼木進吾さんが、大阪に遊びに行った帰りに四国を経由して、その時食べた讃岐うどんの美味しさに衝撃を受けるという偶然?がなければ、北九州でこんなに美味しい讃岐うどんを食べることはできなかったのだ。メーカーでの自動車整備という仕事を辞めて讃岐うどんの修業に行った鬼木さんの決断のたまものだ。おに吉での定番は冷たいぶっかけだと思うのだが、スタンダードな温かいうどんももちろん美味しい。つけ麺もあるし、季節限定メニューが登場する時もあ

門司区西新町1-1-24
093-777-6026
11時〜15時
※麺がなくなり次第終了
休・日曜　P・あり
MAP・P137

る。とり天やごぼう天などトッピングの種類も多く、別皿で出してもらうことも可能。

「おに吉だけはしばらく食べんかったら禁断症状が出るんよね。おに切れするんよ」。そんな常連さんの言葉を実感することになるか否か。皆さんにも試していただきたい。

おに吉ぶっかけ

ごぼう天ぶっかけ（肉トッピング）

menu

（つめたいうどん）
ぶっかけ 410円
とり天ぶっかけ 594円
ごぼう天ぶっかけ 594円
おに吉ぶっかけ 918円

（あたたかいうどん）
かけ 378円
きつね 486円
肉 561円
えび天 669円
白おにぎり 75円
たこ飯 140円

きな粉もち天 黒蜜ver.（黒蜜＋きな粉）

店内を彩るカラフルな果物と芸術的フルーツパルフェの数々

Fruit factory Mooon 門司原町店（ふるーつふぁくとりーもーん）

11時の開店を前に、店の外には既に人が集まっている。ママ友風の女性グループ、夫婦と思しき人生の大先輩、本を手にした若い女性……ショップスタッフの明るいあいさつと共にドアがオープンすると、それぞれが待ってましたと言わんばかりの様子で店の中に入って行く。かごを手にフルーツを吟味する人、ショーケースの前でジュレやタルトを眺める人、注文カウンターでパフェを選ぶ人。次々にやって来る人たちで、開店後間もないというのに、店内はすっかりにぎわっている。白を基調とした店内に、色とりどりの季節の果物の色が鮮やかに映える。見ているだけで元気になりそうな天然のビタミンカラー。ディスプレイが見事なのもあるが、やはり質のいい果物を置いているからこその美しさなんだと思う。高品質な果物プラスおしゃれでかわいい店の雰囲気。その組み合わせからすると意外なほど手頃な価格のものも多く並んでいる。スーパーなどで買うより断然お得な気がする。もちろん、贈答用の高級品も豊富にそろっている。

そして「モーン」の名を一躍有名にしたのはやはりパルフェの存在だろう。SNSなどに多くの人が美味しそうなパルフェの画像を投稿。評判となった。「店を現在

門司区中町5-26
093-382-1003
11時～19時
休・不定
P・あり
MAP・P137
※他、支店あり

のスタイルで始め、ここまでお客様に来ていただけるとは予想以上だった」。代表取締役の江川哲平さんは新宿高野で約一年半修業。果物店の新たな展開を模索し、関西、関東と多くの店を見て回った中で、ここだ！と直感。その勢いのままほぼ飛び込み同然で働かせてもらったという。芸術的ともいえるパルフェの盛り付けは修業の成果もあるだろうが、やはり持ち合わせた感性によるところが大きいのだ思う。フレッシュフルーツを使用しているため、当然ながら季節によって提供さ

れるパルフェはさまざま。春にはイチゴ、夏は白桃、秋には巨峰……時期を逃すと翌シーズンまで食べられない。ちなみに季節限定のパルフェは、果物の仕入価格の変動でその日の値段が変わるといういわゆる「時価」である。また、季節メニューはスタッフたちのプレゼンにより、江川さんが最終決定をするというシステム。いつ行っても飽きないメニューの数々の秘密の一つなのかもしれない。

人それぞれ好みの味というのはあると思うが、パフェにも好みがあると思う。そのパフェの好みでいくと、そもそも私はパフェといえばチョコレートパフェ派であって、他の店でフルーツ系パフェを選択することはまずない。なのになぜモーンが好きなのか。器からこぼれんばかりのフルーツそのものの美味しさはもとより、中に詰まっているフルーツジュレや、バターの風味が生きた、サブレタイプの軽くサクサクとしたクッキー、バニラアイスに至るまでの個々の味と、組み合わせが私の好みにぴったりとはまるのも大きい。イマイチだなあと思うものが一つも入っていない。ここのフルーツパルフェは、他のフルーツ系のパフェとは別物であるという認識なのだ。店内でパルフェを食べ、ロールケーキやタルトとフルーツをテイクアウト、というのが個人的な定番スタイルである。

2016年夏には大手町店、リバーウォーク北九州店が相次いでオープン。ついに北九州市の小倉中心部へ進出である。それぞれの場所のイメージ、客層に合わせて全くコンセプトの違う店になっており、各店舗のオリジナルメニューが用意されている。その日の気分で訪れる店を選ぶという楽しみ方もできるようになり、モーンファンとしては嬉しい限りである。

menu

パルフェ 702円～
タルト 378円～
ジュレ 313円～
ランチ 950円～（11時～OS14時30分）

いろんな人に、「ちょうどいい」ごはん

洋風キッチン・あらえびす

映画やドラマ、CMなどの映像作品の撮影が、毎年かなりの数北九州市で行われていることをご存知の人も少なくないだろう。おおよそ行政のイメージとはかけ離れた働きをしている北九州フィルムコミッションの存在のおかげもあり、北九州市は「ロケの街」としてもその名を徐々に浸透させつつある(ハズである)。

そんな「映像ロケの街」を絶賛PR中の北九州市で、映画に関する屋外イベントが行われたことがあった。そこでの企画の中にあったのがロケ弁の販売。あの映画の出演俳優も食べたロケ弁が食べられる!こりゃミーハーな私としては食べないワケにはいかないであろう。そして実際に映画のロケでケータリングを担当したいくつかの店のロケ弁を買って食べることができたのだが、その時に印象に残っていたうちの一つがここ、洋風キッチンあらえびすのロケ弁だった。

「そうなんですよ。うち映画のロケでもよくケータリングをやってて。両親と3人でやってる店なもので、私が配達に出るとどうしても店休日以外でもお店閉めなくちゃいけない時とかできてしまうんですよね。なるべくお客様に来たら閉まってた、ということにはなってほしくないので、急な休みなどはフェイスブッ

小倉北区中井1-16-1
093-592-5539
11時30分～14時30分(OS14時)
17時30分～21時(OS20時)
休・日祝日
P・あり
MAP・P137

クでお知らせするようにはしてるのですが……」そう語るオーナーの髙橋孝一さんの心配りは店内の随所にも見られる。こじんまりとした店ではあるが、余裕をもったテーブルの配置。カウンターもゆとりがあるし、目の前の仕切りの壁は、調理しているキッチン側からも食べている手元など見えない高さになっている。ああ、そうか。女性一人でも気兼ねなく入れて食事ができるのは、この絶妙な空間作りのおかげなのか。いわゆる普通の定食屋と呼ばれる所には、なかなか一人では入

りづらくて……思う女性も多いと思うが、そういう女性でもこの店なら大丈夫だ。今日はパスタとかカフェごはんでもなくて、定食の気分なのよ！でも一人で定食屋には入れない！という女性でも、ここなら気軽に塩さば焼き定食でもから揚げ定食でも選ぶことができる。しかもここでカウンターやテーブルに設置してあるのは普通のお冷ではなくてルイボスティーだ。美容や健康に関して敏感な女性にとっては、これも非常に嬉しい心配りではないか。もちろんルイボスティーが苦手だという方には、普通のお冷も用意してもらえるのでご心配は無用。

逆に、いつもは男性だらけの店でさっさと昼食を済ませているが、たまには落ち着いた雰囲気の店で食べたい。でもこじゃれた店やカフェじゃお腹いっぱいになるまで食べられない！（経済的理由で）という男性にもおすすめだ。お昼の定食には、ごはん・みそ汁・小鉢・お漬物がつくし、ごはんは一回のみおかわり無料（ちなみに最初からごはんはお茶碗多めなので、小食の女性はあらかじめごはん少なめと言っておいた方がいいかもしれない？）。お米はこの辺では非常に人気のある京都郡犀川産の「夢つくし」「元気つくし」を使っているので、言うまでもなく美味しい。野菜もふんだんに使われているし、健康診断の数値を気にしている人にとっても安心のバランスの良さだ。

髙橋さんが「できるだけ手作りであることにこだわっている」と言うとおり、一つひとつの料理に手作りならではの味を感じることができる。特に小鉢のきんぴ

カニクリームコロッケ

らや漬物の床漬けには、これぞ家庭料理といった母、みよ子さんの手作りの味わいがあり、メインの料理もいいが、サイドメニューがまた美味しいんよね、と言うみよ子さんの料理のファンも多い。「おひるごはん」だけでなく、「よるごはん」もやっているので、お仕事の後、外で家庭の味を食べたいと思った時にもありがたい。晩酌もできるし。いずれにしても、どんな人にとっても「ちょうどいい塩梅」の食事ができることうけあいだ。

menu

（あらえびす　おひるごはん）
日替わりお昼定食（月～金）780円
若鶏のから揚げ定食 780円
カニクリームコロッケ定食 980円

（あらえびす　よるごはん）
煮込みハンバーグご飯セット 880円
焼き塩さばご飯セット 780円
ロースカツご飯セット 880円
本日の小鉢料理　1種250円
盛り合わせ３種盛り 700円

ここにしかないスイーツを求めて

Patisserie Bonheur（ぱてぃすりー　ぼぬーる）

子どもの頃からのケーキ屋をやりたいという夢をかなえるため、15歳の時から修業をしたオーナーの村瀬雄一郎さん。独立するにあたり、まずは焼きドーナツの移動販売から始めて現在の場所に「ボヌール」を構えるに至った。

「他とは違ったことがしたいんですよね」と笑う村瀬さんのオリジナリティーが感じられる商品の一つが、毎年恒例となった夏季限定のかき氷。普通洋菓子屋だとジェラートやソフトクリームとなるところを、あえてかき氷。それも洋菓子店ならではのものにしたという。

そしてもう一つ、注目の商品が糖尿病患者向けロールケーキの「ココロール」。店のお客でもあった小倉第一病院の院長からの発案で、病院の管理薬剤師、村瀬さんとの共同開発で出来上がったものだ。試行錯誤を繰り返し、完成までには一年半の時間がかかったそうだ。ココロールに関しては様々な媒体を通じて紹介されたこともあり、全国からの問い合わせがあるという。さらにダイエットやボディーメイキングといった観点からも低糖質がクローズアップされるようになったため、購買層は予想以上に広がっているようだ。確かに従来のレシピのロールケーキ

小倉北区真鶴2-1-13
真鶴ビル1F
093-592-5066
12時～20時
休・火曜
P・あり
MAP・P138

より糖質量が90%もカットされ、しかも美味しいとなると、体重は気になるがどうしても甘いものがやめられないという方にもありがたい存在だろう。

他にはない商品を作り上げている村瀬さんなのだが、意外にも今後取り組んでいきたいのは、今ある商品の完成度をさらに上げていくこと、ブラッシュアップをし続けること、だという。基本あってのチャレンジ。何事にも当てはまることだなあ、そう改めて実感しながらカラフルなケーキの詰まった箱を手にして店を出た。

ふんわりザッハ
350円

アサイーとベリーのジュレ
216円(夏季限定)

menu

ココロール
　ロング 1944円
　カット 324円
ケーキ各種 216円〜
焼きドーナツ各種 130円〜
かき氷各種 500円〜(夏期限定)

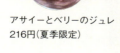

上質の鶏肉と洋食シェフの作る絶品親子丼

焼とりWORLD

旦過市場と並び北九州市で元気のある市場として最近注目されているのが黄金《こがね》市場。テレビの取材も多く、ローカルの情報番組で取り上げられることもしばしばだ。旦過市場ほどの規模ではないが、地元に密着した町の市場として、関係者の方々が頑張っていることが、通りを歩いていても伝わってくる。

そんないかにも昔ながらの市場の中、通りに面してほぼ一面ガラスという、周りとはちょっと雰囲気の違う店構えのこの店。いわゆる焼き鳥屋の持つイメージよりはかなりスッキリとオシャレである。焼き鳥や定食屋などはちょっと年季が入った見た目の店の方が美味しいのではないか……という勝手な先入観は持たない方がよい。

鶏肉店がやっている店だけあって、とにかく扱っている鶏肉の質がいい。今や北九州では希少となった朝引きの鶏肉を取り扱っていたり、博多一番どりや久留米地鶏のさざなみどりといったブランド鶏を多く出せるのもこの店ならではの強味だろう。バックボーンがあるが故の焼き鳥の美味しさということに納得だ。

そんな焼き鳥の美味しさに定評のあるワールドで評判なのが親子丼。濃厚な

小倉北区黄金1-1-23
(黄金アーケード内)
093-921-8108
11時30分～14時
17時30分～22時30分
休・日曜(祝日は不定休)
P・なし　MAP・P138

玉子とろり親子丼

太陽卵を使ってとろとろ、半熟にとじられた上質の鶏肉のうまみと食感、、そしてつゆの味付けと量。それらとごはんのからみがすばらしく、あっという間に完食してしまう。ランチタイムにはなかなか店内に入れずに諦めて帰って行く人も多いので、時間に余裕をもって来店を。また、焼き野菜やベジタブル親子丼には、洋食のシェフでもある店長が地元合馬《おうま》で仕入れた季節の野菜を使用。野菜へのこだわりも含め、普通の焼き鳥屋とはひと味違うものを味わいたい、そんな時は足を運んでいただきたい。

menu

玉子とろり親子丼 680円
ベジタブル親子丼 750円
さざなみどり炭火焼き
　1200円(100g)
本日のとり刺し 2人前 800円～

アスリートたちも絶賛の、毎日食べたい家庭の味

ごはんや竹膳（たけぜん）

いわゆる家庭的な料理というのは、具体的にどういったものなのだろう。焼き魚にほうれん草のおひたし、筑前煮、豆腐とわかめの味噌汁……。細かい部分は違っても、だいたいの人がイメージするのはそういったところではないだろうか。で、実際のところ、そんなメニューを家庭で食べることがめっきり少なくなったのが今という時代である。洋食は上手く作れても、さばの味噌煮は作れないという人も増えたという。「男の胃袋をつかむには美味しい肉じゃが」と言われていたのは昭和の時代の話になったのだろうか。いや、そんなことはない。今でもごく普通の家庭的な和食を美味しく食べたいという要求は根強い。だからこそ「竹膳」には多くの人がやって来るのである。

熊本で和食、主に会席の仕出しの料理人をしていた店主の竹田雅光さん。地元の北九州に帰るにあたり、「食堂をやってみようか」ということで始めたのが「ごはんや竹膳」だ。和食がベースの魚や野菜を多く使った定食が評判となり、お昼時はもちろん、夜も一人暮らしや単身赴任の人たちが多く訪れている。

から揚げやチキン南蛮、しょうが焼きといった肉系のメニューも人気だが、竹膳

小倉北区片野3-9-18
093-922-3009
11時～15時
17時～21時（OS20時50分）
休・日祝日
P・なし
MAP・P138

でおすすめしたいのは魚。特に焼き魚系のメニューだ。「特に夜はほとんどのお客さんの注文が焼き魚やね」。竹膳では新鮮な魚を焼き立てでいただける。あらかじめ焼いたものを温めなおすようなことはしない。これがどれだけ贅沢なことであるか。自分で食事を作る機会がある人ほど、魚料理の中でも美味しい焼き魚を作ることが、いかに手間もかかるし大変かを実感しているのではないかと思う。それでも一日の終わりに焼き魚と白いご飯を食べたい。それだけで疲れも癒える。そん

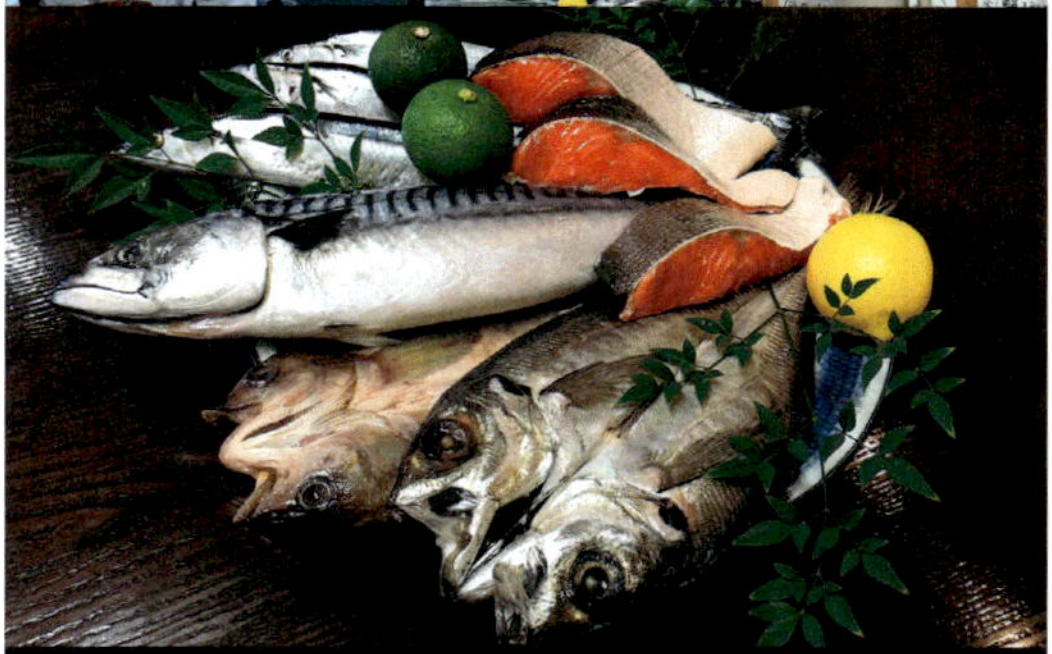

な日に自然と足が向く。きっと竹膳はそういう存在なのだ。

北九州はプロアマ問わず、多くのスポーツ選手も住む街なのだが、そういったアスリートたちがたくさん通ってくるというのもこの店の特徴だろう。人一倍バランスのとれた食事、体調管理といった面に気を使う人たちにファンが多いというだけでも、竹膳のごはんがいかに質、量、味と三拍子揃っているのがうかがい知れるというものである。いや、三拍子だけではない。さらに付け加えておきたいのは、メインとなる料理の盛り付け方の美しさだ。リーズナブルな定食メニューとは思えない豪華さに、初めて来た人はいい意味で驚くだろう。これもやはり長年会席料理にたずさわってきた竹田さんの腕ならではだ。

リーズナブルなのに豪華といえばもう一つ。竹膳の定食に付く味噌汁だ。これが普通の味噌汁ではなく、いわゆる豚汁。安い定食であっても具だくさんの豚汁が大きな器に入って付いてくる。このボリュームの豚汁だと、メインのおかずなしでも豚汁定食としてメニューが成立するんじゃないかと思うくらいだ。「あの豚汁がまた竹膳に行く楽しみなんよね」という人も多い、名脇役とも言うべき存在だ。

どの料理を見ても、コストを考えたら採算が取れないのではないかと余計な心配をしてしまう。でも通う側としては本当にありがたい。竹膳のごはんじゃなきゃ！と言って通って来るお客に満足してもらいたいという竹田さんの強い思いが、一つひとつの料理の味にも、彩りにも、価格にも表れている。いわゆるおふくろの味が恋しくなった時、わざわざでも訪れたくなる。出来合いの物は使わない。ソース一つにしても手作りという、家庭の味を超えた家庭料理。それが竹膳のごはんだ。

menu

サービスランチ 620円
（14時まで。なくなり次第終了）
塩さば定食 670円
ぬかだき定食 750円
塩さんま定食 800円
ホッケの開き定食 870円
あじの開き定食 870円
チキン南蛮から揚げ定食 820円
ジャンボ海老フライと魚フライ定食 1100円
※その他、丼物や季節メニューなど多数あり

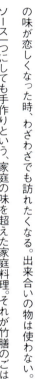

みんなの心をつかんで幸せを運ぶカレー

カレーハウス まインド

想像通り、店名の「まインド」は、カレーといえばインド、それに心という英語がかけられている。さらにスパイシーさの中にもマイルドさがある、という意味もじっているらしい。「自分が作っているカレーでお客さんの心をつかんで、喜んでもらいたい。やはり心は大切」。それがマスターの岩本潔さんが店名を決めた理由だそうだ。

大阪の調理専門学校を卒業後は、長くフレンチや洋食のシェフをしていた岩本さんだが、子どもの頃から好きだったのはラーメンやカレー。パスタが流行していた時期だったこともあり、パスタとカレーの店をはじめた。しかし、家庭の事情で一旦閉店。最後のチャレンジと思い、50歳を過ぎた時に自宅を改装して「まインド」をオープンした。「お客さんに楽しんでくつろいでもらいたい。夫婦でしっかりカバーできるこじんまりした店でやりたい。自分の思いを表現できる店を作りたかった」。オープンキッチンにしたのも、お客の様子や反応がダイレクトに伝わってきてやりがいを感じるからだという。

そんなお客の反応が非常にわかりやすいのは、きっと看板メニューのマウンテ

小倉南区北方3-23-14
093-967-3058
11時～14時30分
17時30分～20時30分(OS20時)
休・木曜(水曜は昼のみ営業)
P・あり
MAP・P138

マウンテンカレー

ンカレーだろう。岩本さんが火山をイメージして作り出したというカレーは、皿の中心に高く盛られたライスに大小の石を思わせるひき肉がゴロゴロと入ったカレーが豪快にかけられ、頂上をバーナーで焦がしたとろけるチーズに覆われている。これだけでもインパクト十分だが、スプーンで山を崩すと、中から溶岩のように温玉があふれだしてきて再びの衝撃だ。しかもライスは大盛りの量。食べごたえで三度の驚きである。

一人でも多くの人に喜んでもらいたいという岩本さんのカレーに、心と胃袋をつかまれに行ってみてほしい。

menu

サービスランチ 1000円 ※日祝日は除く
（まインドカレー＋ミニサラダ＋ソフトドリンク）
素カレー 600円
トマト＆チーズカレー 780円
カニクリームカレー 800円
チキンの果実煮込みカレー 880円
唐揚げカレー 880円
マウンテンカレー 950円
ビーフカレー 980円
シーフードカレー980円
三元豚ロースカツカレー 980円

ホットケーキタワーをみんなで囲んでハッピーに

神社のそばのカフェ ライオンダンス

小倉南区守恒。いつの頃からか子育て世代や転勤族に人気となった町だ。それに伴い個性的で気の利いた飲食店がとても目につくようになった印象がある。「ライオンダンス」もその中の一つだ。

大学卒業後、22年間SE（システムエンジニア）をしていたオーナーの辛島陽介さん。「SEって激務で。もうキツイかなと会社辞めたタイミングで、友達から店を手伝ってくれないかと言われまして」。まったく未知の世界とも言うべき飲食業だったが、元々料理も人と接することも好きだった辛島さん。カフェの仕事の面白さに目覚めることになる。そして一年半後、独立のため地元北九州に帰郷。いくつもの候補の中から選んだのが守恒八旗八幡神社のすぐそばの場所だった。

ライオンダンスで注目なのがホットケーキタワー。辛島さんが働いていた福岡の店のメニューを踏襲したものだ。デコレーションケーキをしのぐほどの豪華な見た目に心がときめく。外はパリッとサクッと、中はもっちりな食感と味に、ついつい食べ進んでしまう。他のホットケーキメニューのものよりしっかりめの生地に作ってあるというだけあって、見た目にもまさる食べごたえだ。

小倉南区守恒本町1-5-7-102
093-287-7022
火・水 11時30分～19時
木・金 11時30分～21時
土日祝 11時30分～17時
休・月曜（祝日は営業、翌平日休み）
P・あり　MAP・P138

以前から神社仏閣めぐりが好きだという辛島さん。「ライオンダンスという店名はほぼ語感で決めたのですが、神社、獅子舞、ライオンダンス……と繋がるなと思って」。パワースポットブームで神社が注目されるようになって久しい。かく言う私も昔から神社に流れる清々しい空気感が大好きだ。ライオンダンスの店内にいると、それと似た感覚を味わう。女性グループだけでなく、一人でやって来る男性や学生の姿が多いのも、きっとここに心身のリセット効果があるからではないかと思っている。

menu

ホットケーキタワー6段 972円
ホットケーキランチ(おかず、サラダ付き) 810円
地元野菜のポタージュスープ 324円
ホットケーキスイーツ
　キャラメルナッツ 583円
　チョコバナナ 648円
ホットケーキサンド
　サラダバーグサンド 421円
　ペッパーハム&チーズサンド 367円
キッズプレート(小学生以下限定) 410円
オーガニックコーヒー(ホット、アイス) 378円
チョコラテ(ホット、アイス) 432円

カントリーサイドで楽しむ。手作りに囲まれたひと時

Bienvenue（びぁんびぃにゅ）

国道322号線。小倉の市街地から南に走る道を、モノレールの高架下に沿って徳力嵐山口から志井方面に抜ける。この時点でかなり交通量は少なくなっているのだが、さらに一本道を入ると、あっという間に目の前の風景は牧歌的なものへと変貌する。ああ、北九州市って、いや小倉南区だけでも広いんだなあと再認識。本当にこんな場所にカフェなんかあるのだろうか……一抹の不安を抱えながらさらに車を走らせると、目的地と思しき建物が目に入る。車を降り、外気を吸い込む。長閑《のどか》だ。とにかく長閑だ。見渡す限りの田園風景。そばには単線のＪＲ日田彦山線の志井駅。無人駅だ。

木の風合いが生かされた扉を開けると、そこは小さなスペースだけれどかわいい雑貨の城のよう。手作り作家によるアクセサリーや子ども服、食器にステーショナリーと豊富な商品で満たされている。と、この時点でかなりの男性は、ああ、自分が行くのは場違いだなと感じられるだろう。無理もない。しかし、ここのプレートランチを見ると、ぜひ食べてみたいという欲求にかられる男性もきっと多いに違いない。なにしろかなりのボリュームである。一つひとつの料理は見ただ

小倉南区志井684-3
093-451-1916
10時～16時（ランチは火・水曜のみ。
11時30分～15時※なくなり次第終了）
休・土・日・月曜
P・あり
MAP・P138

けで手が込んでいるのが分かるし、その上、品数が多くて華やか。食後のデザートセットまで付けると、少食の女性は食べきれなくなるのが心配なほどだ。やはりここはカワイイが大好きな女性だけに独占させていてはもったいないのではないか。日頃雑貨にあまり縁がなくても、女にしては大食いでも、本当はかわいい雑貨にもカフェにも興味があるという男性も、ただ美味しいご飯に対する探究心あふれるだけだという方々も、一度訪問してみてはいかがだろう。週に2日しかランチには巡り会えないので、チャンスを逃すことなく。

menu

プレートランチ 800円
（1･3･5週目はパン、2･4週目はごはん）
※食後のデザートセットは＋300円
ケーキセット 500円
コーヒー、紅茶（hot･ice） 各250円
カフェラテ（hot･ice） 300円

コラム
北九州のうどん

博多のやわいうどんが苦手である。博多うどん派の皆さん、これぱっかりは個人の嗜好なので仕方ないと大目に見てやってください。

それは昭和が終わろうとしていた時代。大学進学を機に、17年間育った北九州市を離れ福岡市の住人となった私だが、距離的には近いようで、その実かなり文化の異なる二つの街のギャップに当初は戸惑ったものである。その戸惑いの中の一つがうどんだった。

福岡市内が地元の友人から、美味しいと評判の博多のうどん屋さんに連れて行ってもらった時のことである。ひとくち麺をすすった時の私の感想は「のびとるやん！」であった。しかし、そんなこと口に出して言えない。とりあえずは「美味しかったねー」と、その場をやり過ごすも、心はモヤモヤしたままだった。私が博多のうどんとはそういうもの、麺がやわいものだというのを知るまでには、結構な時間を費やしたのだった。大学時代から15年あまりの時間を福岡都市圏で過ごし、地元の北九州市に戻った今でも福岡は好きな街であり、数多くの思い出の詰まった特別な街ではあるのだが、ついに博多のうどんに慣れることはなかった。

では北九州のうどんはどうなのか。麺はとことんコシがない博多のうどんと、強いコシが特徴の讃岐うどんの中間くらいの麺がスタンダードと言われている。出汁は若干甘めに感じるくらいが主流だろうか。「北九州のソウルフード」の一つとして挙げられることもあるチェーン店「資さんうどん」や、ここ数年勢いのある豊前裏打ち会系の店といった有名どころの他にも、北九州市内には多様なうどん店が存在する。全国的には福岡といえばとんこつラーメン、というイメージが強いようだが、実はうどんを食べる頻度の方が高いという話は本当だと思う。もちろん北九州人もうどん大好き。北九州のうどんは非常に幅も広ければ奥も深い。まだ北九州のうどんを知らない皆さんにも、必ずお気に入りの店が見つかると思う（ちなみに、福岡名物の某チェーン店のうどんは結構好きです。あれは別物として捉えてます）。

北九州市西部（戸畑区、若松区、八幡東区、八幡西区）

〆は飲み干したくなるスープの汁飯で決まり

らーめん志士（らーめんしし）

店でラーメンを食べるといえば豚骨以外考えられなかったのに、ここ数年は美味しい醤油や塩ラーメンを食べたいと思うようになってきた。これも年をとったということなのだろうか。そうはいっても、現在北九州でラーメンといえば豚骨が主流である。豚骨以外でラーメンを食べるとなるとただでさえ選択肢が狭くなるのに、さらに美味しさを追及しようと思うとかなり厳しい戦いだ。しかし、ここ「らーめん志士」を訪ねれば問題は簡単に解決するのである。

「九州といえば豚骨ラーメン、という当たり前のことはなんとなくしたくないと思って」というのが店主・別所武さんが豚骨ラーメンではないラーメン店を始めた理由。大阪の大学を卒業後はサラリーマン生活。その時から漠然と自分で何かをやりたいという思いを抱え続けて会社を辞めた後はフリーター。そして地元北九州への帰郷後は親の会社で働く傍ら、独自にラーメン修業を開始。しかし、開業には親からの猛反対をうけ、なかなか仕事を辞めさせてもらえなかったという。5年の説得期間を経て、「とりあえず夜だけやるならいい。家の仕事を辞めることはまかりならん」という、結構過酷な条件の中ようやくたどり着いた「らーめん志

戸畑区中原西2-3-26
080-6405-7030
11時～15時、17時30分～21時
（土曜・祝日は11時～18時30分）
休・日曜
P・あり
MAP・P138

志士醤油らーめん
（黒志士）

士」の開業。幸い経営も軌道にのり、親の会社を辞める了承を得て、専業主婦だった妻の恵さんと共に晴れてラーメン店一本でやることを許されたのはそれから半年後だった。「昼も夜も働いて、さすがに疲れがたまってきてるのが目に見えて分かるようになってきたんですよ。このままだとこの人倒れるぞと。親もそれで仕方なく会社を辞めるのを認めてくれたと言うか」。明るく話す夫妻の笑顔からは想像できない、意外と長い道のりだったのだなあとちょっとした感動をおぼえる。

この店を語る上での看板メニューはやはり「志士醤油ラーメン」だ。シンプルだが美しい見た目。粗びきの黒こしょうというのも珍しい。主張は強くないが、出汁の旨味が効いたスープ。あっさりとしたという表現では言葉足らずだが、なんとなく美味しい会席の椀物をいただいた時に似た印象の味だ。それを裏付けるのが、ラーメンのスープをかけてお茶漬け風にいただく汁飯。好みで柚子ごしょうやわさびとともに口に運ぶと、まるで料亭で食べるお茶漬けのような味わいだ。いい意味でショック。「こんなこと言っちゃいけないのかもしれませんが、麺を残してもいいから汁飯は食べてもらいたいくらい」と別所さんが言うだけのことはある。私もここに来たら汁飯を食べずには帰れないと思う。どこでラーメンを食べてもスープを飲み干すことはまずない私ですらだ。

２０１５年６月、開業当時の小倉北区中井にあったカウンターのみの店から、戸畑の九州工業大学前の現地に移転。広くなっただけでなく、以前に比べて随分おしゃれになった印象だ。テーブル席を作ったことで、小さな子ども連れの方にも食べやすくなったと喜んでもらえるのがうれしいと笑顔を見せる二人だが、いずれはまたカウンターだけの小さな店を営む老夫妻に戻りたいのだという。「年をとると小さな店じゃないと動けなくなると思うんですよ。店大きくしたいとか、チェーン展開したいとか、社長業をやりたいとか全然ないです。生涯一ラーメン屋でいたいんです」。武さんが語る側で、「この人、野心とかない人なんで……」と笑う

恵さん。地元の大阪を離れ、北九州までやってきてある意味波乱万丈の武さんを支え続けた。志士の美味しさの秘訣の一つは、夫婦の息のあったコンビネーションなんだろうと思った。

menu

志士醤油らーめん（黒志士） 650円
志士塩らーめん（白志士） 650円
志士ピリ辛らーめん（赤志士） 700円
汁飯用ご飯
　プチ 130円、小 200円、大 250円
チャーシュー丼
　プチ 200円、小 300円、大 400円

汁飯用ご飯

平凡

熱いファンに支えられた自信の味

創業1962年。50年以上にわたって続くまさにまちの名店だ。店主の吉川《きっかわ》博己さんの父である先代が開いた店で、当初は出身地・福山の醤油店の支店営業のかたわらに始めたのだそうだ。

長年の間には、当然大変なことも多々あったそうだが、中でも人手不足の深刻さで「今が一番大変」だという。それでも店を続けてこられたのは、やはりたくさんのお客様の存在。「近所はもちろん、市内だけでなく県外、九州以外からもわざわざ通ってくれるお客さんがいる。本当にありがたいことです。みなさんに美味しかった、また来ますと言ってもらって、実際また来てくださる。それがうれしいからですね」

そんな長きにわたって熱い支持を集めるここの看板メニューといえば焼きそばだ。特にその名前どおり、「ビッグワイルド焼きそば」は量も具材もワイルドである。男性でも3人でシェアして十分なのではないかと思われる。「うちの職場の人間向きだ」と言った消防職員の言葉にも納得だ。焼きそばというより、牛肉や海鮮の鉄板焼きに焼きそば麺を合わせたといった感じである。それくらい具材一つひ

戸畑区天神1-12-12
093-871-5552
11時50分～13時30分（水曜の昼は不定休）
17時30分～21時20分（OS20時30分）
※状況により変動あり
休・火曜　P・なし
MAP・P138

ビッグワイルド焼きそば

とつが大きく存在感がある。そしてただ大きい、量が多いというだけでなく、それぞれが組み合わせた際のマッチングを考え抜かれて選ばれた素材なのだ。ちなみに「戸畑ちゃんぽん」と呼ばれる、北九州市内でも戸畑区を中心とした一部でしか食べられない独特の蒸し麺を焼きそばに使用した最初の店が「平凡」とのこと。とにかく他では食べることのできない焼きそばがここにはある。ちょっと話の種にでも、という好奇心でもいいので一度訪れてみるのをおすすめする。

menu

ビッグワイルド焼きそば・焼きうどん
各2600円
牛肉ロース2人前、イカ、タコ、エビ、麺3玉
汗かき焼きそば・焼きうどん 各1000円
豚肉、イカ、エビ、スパイス、コーン
スペシャル焼きそば・焼きうどん 各900円
豚肉、イカ、タコ、エビ

お好み焼き 平凡 1000円
豚肉、イカ、タコ、エビ、海藻、卵
ミックス 850円
豚肉、タコ、エビ、コーン、卵

地元愛とアートが融合した、クラシカルで大人かわいいスイーツの店

Classic Non 1982（くらしっくのん）

街角の、こじんまりとしたケーキ屋さんである。ドイツやオーストリアを彷彿とさせるクラシカルな佇まいは、訪れた女性たちがこぞって記念撮影し、SNSなどにアップするほどの人気だ。もちろん人気なのは建物だけではない。ショーケースに並ぶのはまるで絵画のように美しい彩りのケーキの数々。カラフルだとかかわいいとか、そんな表現では事足りない。一つひとつのケーキにアートを感じるのだ。これは絶対に卓越した芸術的センスを持った人が作っているに違いない（言うほど私自身に芸術的センスがあるわけではないのだが）。予想通り、オーナーパティシエ西田規通《のりゆき》さんは、子どもの頃から絵が得意だったそうだ。パッケージなどに使われている絵も西田さんが手掛けている。

西田さんの地元若松への想い。それを表現するための商品の一つが若松トマトロール。クリームに挟んだのはダイス状にしたブランドトマトとして有名な若松トマト。イチゴのように飾られているのはミニトマトだ。今や店の定番商品となっているが、考案した当初は斬新な発想だった。手土産にもおすすめなチョコレートケーキの若松石炭に、地元のシンボル若戸大橋をイメージし、表面を赤く焼き上

若松区下原町10-11
093-751-6151
10時～20時
休・月曜
P・あり
MAP・P138

げた若松カステラ。さらに2017年春には若松かっぱもなかも加わる予定で、クラシック・ノンの若松土産三部作の完成といったところである。

ちなみに西田さんは地元強豪校のサッカー部出身。地元愛と共にサッカー愛の人でもある。サッカーと戦闘機の話をはじめると、時間がいくらあっても足りないほどの西田さんの体育会系のキャラクターと、アーティスティックな商品とのギャップの大きさも店の魅力なのかもしれない。

menu

若松トマトロール 1080円
いちごのパフェ 800円
ももパフェ 850円
（6月〜8月下旬）
フルーツ・スワンパフェ 850円
ベリーチーズ
（7cm×18cm）1500円

今日もまた、小一時間かけて行く郊外のパン屋

La boulangerie TAKASU （らぶーらんじぇりー たかす）

私の住む場所からは、車で一時間弱はかかるのである。しかも私は車の運転が大嫌いだ。本当はパンを買うという目的だけのためにその低くはないハードルを越えたくはないのだ。しかし、それでも食べたくなるのがここ、「ラ・ブーランジェリーTAKASU」のパンなのである。学研都市として開発されている新しい街、ひびきの。北九州市の最西端ともいえる場所ながら、環境の良さで人気の街だ。この場所に移転してきてから2016年12月で3周年を迎えた。

元は東京で店を開いていたパン職人であるオーナーの山田道雄さん。妻の地元である北九州に店を開いてから、3回目の移転だそう。広くなった店舗には、焼き立てのパンをすぐに食べてもらいたいという思いからイートインスペースやテラス席を設け、カフェ風のセットメニューも20種類ほどと充実させた。毎日来ても飽きないようにとパン、焼き菓子を合わせた商品の数は200種類にも及ぶ。関東では多く見られるバゲットに代表されるハード系のパンだが、北九州ではまだソフトな食感のパンが主流。ハード系のパンに力を入れているのは、そのおいしさを北九州にも広めたいという思いからだという。安心・安全の面からも、おいしさの

若松区大字小敷ひびきの102-1
093-742-0780
7時～19時
休・月曜、第3火曜定休（月曜が祝日の場合は翌日）
P・あり
MAP・P138

点からも、使用しているのは全て国産の小麦粉だ。

人気の商品は「ここに来たら必ず買う」という人も多いめんたいこフランスや、珍しいたこやきパン。フランス風サンドイッチのカスクルートや、季節のフルーツをふんだんに使ったスイーツ系のパンもおすすめだ。

「地域のみなさんに食文化を伝える店でありたい。接客も含め、この店で過ごす時間を十分に楽しんでいただきたい」。これからもますます発展していくであろうひびきのという街と共に、歴史をつくっていく店だ。

menu

ボルシチセット 500円
フランスパンセット 500円
めんたいこフランス 290円

dolce di rocca Carino （どるちぇ でぃ ろっか かりーの）

スイーツからあふれる pride of KITAKYUSHU

まるでヨーロッパのお城の一角かと見紛うような外観。重厚なドアをくぐると聞こえてくる「ボンジョルノ！」の声。ここにやって来るまでの車窓に見た景色からは想像もつかない場面が目の前にはある。

「わざわざ来ていただく、という場所にお店があるので、来ていただいたお客様には非日常の雰囲気を味わってほしいんです」。オーナーの遠山ひとみさんが語るように、外観もそうだが、店内に足を踏み入れるとそこはもうスイーツ好きにとっては夢のような空間である。いや、スイーツ好きだけではなく、大半の人はそう感じるのではないか。ここは北九州の中の小さなイタリアなのだ。

店の外にまで行列ができるほどの評判となったジェラートの人気も健在だが、様々なタルトの種類も豊富。各種フルーツのタルトや季節限定タルトのほか、ベイクドチーズケーキベースだったり、モンブラン風、ミルフィーユ風だったりと、他では見ない物も多い。1ピースのサイズも大きめだ。ショーケースの中の全種類ください！と夢のセリフを言えたらどんなに幸せかと思うばかりだが、胃袋と財布の中味には限界があるので、非常に難しいチョイスを迫られることになる。迷う時

若松区花野路1-1-9
093-741-3855
10時～19時
休・月曜（祝日の場合は火曜休み）
P・あり
MAP・P138

間が長過ぎてスタッフの方ごめんなさいという感じである。
イートインでイチオシしたいのはフレンチトースト。天然酵母を使用したバゲットに、カリーノの原点とも言うべき烏骨鶏のプリンのプリン液をたっぷり浸したフレンチトーストは、スイーツフリークなら絶対食べておきたいところ。フレンチトーストとか家で作れるし……という概念を完全に壊されること確実である。フレンチトーストにも季節限定メニューが用意されているが、定番のプレーン

も、時期によってソースに使うフルーツを変えているので、いつ行っても定番でありながら違った味を楽しめる。

そしてカリーノが提供しているのは洋菓子だけにとどまらない。「新しい九州の銘菓を作りたい」というコンセプトの元に始まったのが和のテイストを取り入れたシリーズ「九州想菓《そうか》」。九州産の高級黒豆クロダマルが5つ入ったマドレーヌ「えん」（5つの黒豆で「ご縁」にかけているそう）。九州産の小麦を使用したクッキーに福岡県産米元気つくしのパフをコーティングしたおにぎり風サブレ「金米サブレ～NIGIRI～」など、出張や帰省の際のお土産は地元ならではの物にしたい！そんなニーズにぴったりのシリーズだ（私も関東に行く際お土産にしました）。

「九州は食材の宝箱なんです。例えばトマトのジュレに使っているのは北九州のブランド若松水切りトマトです。卵は福岡県の輝黄卵と大分の黒烏骨鶏卵。阿蘇の生乳に福岡県産小麦。地元であるこの地と、素晴らしい食材を作ってくださる生産者の方々とのご縁を大切に、これからも北九州、福岡、九州の良さを日本全国に伝えて行きたい。しかも九州は日本の中のアジアの玄関口。アジアや世界に向けて、スイーツを通して九州という存在をどんどん発信していきたいですね」。今後の展望を語る遠山さんからあふれる地元に対する熱い愛と誇り、そして自信に共感せずにはいられない。

また、今後は隣接してサンドイッチやピザといった軽食を扱うスペースを作る計画があるとのこと。現在の「スイーツのお城」が北イタリアのイメージだとすると、新たに作るのはナポリあたりをイメージした南イタリア。わざわざでも美食を求めてドライブがてらここに来る楽しみがさらに増えそうだ。

menu

フレンチトーストプレーン 1080円
フレンチトーストチョコバナナ 1296円

八幡Loveな食のアトリエ

Trattoria Bar BLUE OCEAN

（とらっとりあばーる ぶるーおーしゃん）

とにかくバイタリティあふれる方なのである。そんな陳腐な表現しかできないのがもどかしいのだが、そのバイタリティの方向性というのがこれまた明確な方なのだ。八幡LOVE。このひと言に尽きる。

「地元北九州のため、八幡のためになることなら何でもやりたいし、やります」。力強くそう断言するオーナーの濱中篤史さん。当然、料理にもその思いははっきりと反映されている。

地産地消が基本なのは言うまでもない。仕入れ先として足を運ぶのは小倉の旦過市場や八幡の祇園商店街。「市場の店の大将は、いい素材を選ぶこだわりの職人なんです。そんな職人が自信を持って選んで売っている素晴らしい素材。その良さを最大に引き出して料理を作り、お客様に食べていただく。それが自分の役割なんです」

自身でいろんな情報を収集、研究、分析し、そして出たであろう結果というものが、他ではなかなか見かけない食材を使ったメニューとしても表現されているように感じられる。例えば、芽子《めご》にんにく。北九州市は海の物も山の物もいい食材が

八幡東区西本町3-1-1
093-681-7111
17時～翌2時
休・日曜
P・なし
MAP・P139

そろっている土地柄ではあるが、芽子にんにくを使った料理を提供している店というのはなかなか存在しないのではなかろうか。

元々はスイーツバーというジャンルで始まった店で、生パスタやケーキが美味しいというのが評判だったが、どんどんその枠を超えていき、今ではメニューにないオーダーを、お客の注文に合わせて提供することも珍しくないという。例えば、「今日は肉。あとパスタは野菜多めであっさりなカンジ」。みたいな漠然とした注文をしても大丈夫なんですか?「大丈夫ですよ。ある素材で提案して、相談してか

ら作ります。だからここはアトリエだと思っています」。なるほど。料理は見た目の芸術性についてはよく言われることだが、素材をどう調理するかというのも職人の世界でありながら、芸術の世界でもあるということなのか。納得。

濱中さんの地元愛からくるこだわりには、「仕入れで絶対値切らない」。というのもあるらしい。「生産者にもなるべく多くの利益がないと。そうすれば町全体にいい循環ができて、町が盛り上がっていくと思うんです」。確かにそうだ。自分の利益を考えて行動するより、町の利益を考えた方が、結果自分にもまわってきたりするものだ。

料理教室の講師やイベント出店、さらには八幡ぎょうざ協議会をはじめとしたまちづくり団体の活動など、非常に多岐に渡った分野で精力的に動き回っている印象の濱中さん。忙しく過ごしていることは容易に想像できる。市内で開かれる大きな祭りでかなりの時間と労力を割かれる中でも店を完全な休みにしなかったりと、いったいいつ寝ているのだろうかと余計な心配をしてしまうようなスケジューリングの日もある。いろいろ大変だろうなあと。いや、そんなことを言ったらきっと心外に思われるに違いない。全て街の利益のためという一貫したポリシー、いや地元愛があるゆえ、全てを楽しんでやっていると。

ちなみに濱中さんは地元コミュニティーラジオでパーソナリティーも、務めているのだが、その番組名はズバリ「八幡Ｌｏｖｅなラジオ」。ブレていない。本当に地

元・八幡が好きで好きで仕方がないのだ。

今後はその日厳選して揃えた食材で、お客の要望を形にした料理を提供していく「食のアトリエ」としてのあり方を追及するため、固定のメニュー表もなくしていきたいという。濱中さんの探求心とチャレンジと共に、店はまだまだ進化し続ける。

menu

黒毛和牛ローストビーフ 50g700円
小倉牛ボロネーゼ 1500円
スピエディーニ有頭大海老 400円
スピエディーニ京鴨 400円

幸せのフレンチトースト 800円

パンケーキをブームで終わらせない

GADGET 八幡店（がじぇっと）

グルメに限ったことではないが、東京でブームになったものが北九州にまで到達するには一年くらいのタイムラグがあるとされている。中にはとうとう北九州までやって来ないままブームが終息してしまうものもある。そんな中ではハワイアン系、スフレ系と二度のブームを経て、淘汰の末にスイーツのジャンルとして定着したのがパンケーキではないかと思うのだが、北九州の中でパンケーキといえば真っ先に名前が出る店の一つが「ガジェット」だろう。

オーナーの吹田学良《がくりょう》さんがこだわるのは、見た目が分厚いタイプのパンケーキ。昔から〈ホットケーキ〉と呼ばれていた類のものだ。ホットケーキなら家で作れるし……と思ったあなた（と私）。そこはやはり人気店のパンケーキ。当たり前だが、家で作れるようなものが出てくるハズがない。

注文が入ってから30分程度の時間がかかるとメニューにあるように、じっくりと時間をかけて焼き上げられたパンケーキは、ふんわりとした口当たりも味も、ここならではのもの。ランチタイムには人気のトルコライスと一緒にパンケーキという注文も多いそうだが、どちらもハーフサイズが用意されているのがありがた

八幡東区祇園1-8-1
093-671-6621
11時30分～21時（OS20時）
休・水曜
P・あり
MAP・P139
※他、支店あり

い。ちなみにハーフサイズでもそれぞれかなりのボリューム。今時食事とパンケーキでこれだけの量が食べられるというのは、かなり良心的な価格設定だと思う。

「店では自分の好きなこと、やりたいことしかやってないのでキツイと思うことはないですね。そのかわり自分の思いつきに付き合わされてるスタッフは大変かもしれないです」。ここから吹田さんのやりたいことがどのような形で試されて行くのか期待したい。

トルコライス

menu

GADGET名物トルコライス
　レギュラー 1058円、ハーフ 842円
ジャパニーズランチ 950円
　十穀米・メイン・副菜2品・スープ・ドリンク
パスタランチ 950円
　パスタ・スモールサラダ・スープ・ドリンク
パンケーキ・プレーン
　レギュラー 864円～
　ハーフ 702円～
パンケーキ・フレンチ
　レギュラー 1080円～
　ハーフ 756円～

パンケーキ・フレンチ

肉食女子だけに任せていてはもったいない店

ハンバーグレストラン lou lou（るる）

八幡駅から5分ほど歩いたところにさくら通りという、皿倉山方面に延びる緑のきれいな通りがあり、そこから脇の小さな道に少し入った場所にある店。ほぼ住宅地でもあり、決して目立ちはしないが、平日でもランチ時は外で待つ人がいる店だ。圧倒的に女性の姿が目立つ。しかも年齢層はかなり幅広い。

「特に女性を意識した店づくりをしているわけではないんですけどね」とオーナーシェフの松山努さん。肉がメインの店なので、オープン前はもっと男性客が多くなると想像していたのに、実際は女性が断然多いので驚いているという。松山さん本人はなぜ女性からの支持が高いのか、その理由はまったく分からないということだが、小さいながらも、明るくシンプルで清潔感のある店内は、女性が肉を食べたい！と思った時に入りやすい雰囲気であるのは間違いない。やわらかくふわふわ、ジューシーなハンバーグが幅広い年齢の方に人気なのもうなずける。

「ハンバーグってファミレスにもあるメニューですよね。でも、ファミレスとは違う、しっかりとしたレストランの味を提供したい。しかもなるべくリーズナブルに」。松山さんの言葉どおり、この味、このボリュームのものをこの価格で食べられ

八幡東区祇園1-9-1
093-662-2277
11時～15時
17時～21時30分（OS21時）
休・火曜
P・なし
MAP・P139

る。しかもちょっとしゃれたお店で。これは選択眼の厳しい女性リピーターの心をつかむハズである。もちろん、男性でも一度ここを訪れたら次は人に紹介したくなるだろう。

これから先、松山さんの目標は、「今大人に連れられて来ている子どもさんたちが、大人になってからも来てくれること」。きっとその日はそう遠くない未来にやってくるだろう。

デミグラスソース
ハンバーグ

menu

気まぐれランチ 880円
洋風ソースハンバーグ&エビフライ 980円
和風ソースハンバーグ 790円
※ランチタイムはライス or サラダ・スープ付き

デミグラスソースハンバーグ R890円、L1100円
オニオンソースハンバーグ R890円、L1100円

自家製ポン酢ソースステーキ
1980円(レギュラー200g)
ジェノバソースステーキ
1980円(レギュラー200g)

穴場的世界の料理と国際貢献の発信場所

JICAFe（じゃいかふぇ）

その名が示す通り、ＪＩＣＡ九州の中にある店である。ＪＩＣＡとは簡単にいうと、日本国政府による開発途上国への国際協力を行う機関といったところだろうか。九州国際センターでも各国からの研修員たちが生活しながら研修を受けているのだが、その施設の一部なだけあって、国際的な大学のカフェテリアのような趣だ。当初は施設の中だけの食堂としてスタートしたそうだが、広く多くの人に利用してもらいたい、このカフェを通じてＪＩＣＡ九州の存在、ＪＩＣＡの活動を知ってもらい、国際貢献に対して興味や好意をもってもらえればということで、一般に開放することになったという。

メニューにはエスニックやハラール、ベジタリアン向けなども用意されていて、さすが多くの国の方々が集まる施設だなと感じるのだが、一般に開放するにあたっては、各国の料理らしさを失わず、日本人向きの味付けにアレンジするか、苦心する部分もあるとのこと。日本ではなかなか入手できない食材もあり、代替品でいかに本場の味に近づけるかなども知恵の見せどころらしい。一般の店では食べられないような国の料理をリーズナブルに食べる楽しみはここならではだろ

八幡東区平野2-2-1
JICA九州（九州国際センター）1F
093-671-6311
ランチ　11時30分～14時（OS13時30分）
カフェ　14時～17時（OS16時30分）
ディナー　18時～21時（OS20時30分）
休・不定　P・あり　MAP・P139

う。

ちなみに、センター内の図書室も一般の方も利用できるフリースペースとなっているので、食事の後に読書、またはその逆といった利用の仕方もありだ。施設自体が緑に囲まれ、ゆったりとした空気に包まれている。さらに国際色豊かという非日常感。日頃の喧騒から離れ、穏やかな時間を過ごすことができる意外な穴場だ。

menu

日替わりセット 500円～
ベジタリアンセット 470円～
エスニックセット 600円～
ハラールセット 570円～
世界の料理（月替わり） 700円
※ディナータイムの日替わりセット、
　エスニックセットは＋150円

不思議カワイイ、町の絶品アイスクリーム屋さん

雪文（ゆきもん）

住宅地の中、小学校の前にこじんまりとたたずむ「雪文」。今や店舗だけでなく、市内のデパートの催事出店などの際にも行列ができる人気のアイスクリーム屋さんにしては、本当に小さな店である。私などかつて仕事帰りにわざわざバスを乗り継ぎ、遠回りしてまでここのアイスクリームを店内で食べ、さらに持ち帰りをしたこともある。同じようにわざわざ遠くからやって来るファンも多いだけあって、最近は福岡市のデパートで雪文に遭遇することも。

素材の持ち味を生かし、極力添加物を使用せずに子どもにも安心して食べてもらえる商品作りにこだわるこの店のコンセプトこそが多くのファンを集める理由だ。また、季節商品、期間限定商品の開発にも力を入れている。社長と工場長のアイデアでいろんな新商品を試作する過程では、冒険し過ぎて「これはちょっと……」というボツ作品もあったらしい。雪文には意表をついた素材のアイスクリームがしばしば登場するが、裏側にはやはりそういったエピソードがあるのか……。

雪文は今後、アイスキャンディーも商品化していく予定だという。「アイスクリームは製造だけでなく、温度管理など取り扱いもデリケートなんですが、アイ

八幡東区清田2-4-12
093-652-2284
10時～20時
休・不定
P・あり
MAP・P139

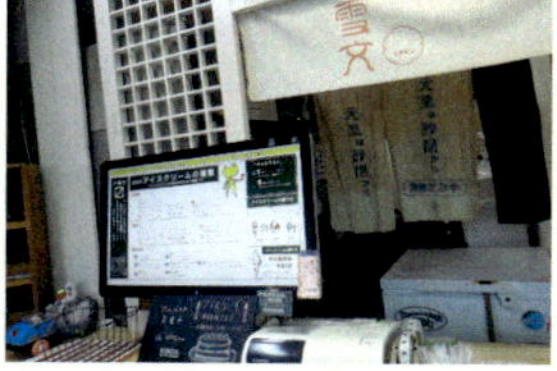

スキャンディーはそこが少し簡単。なのでいろんなお店に置いていただける。そうやって地域が元気になるお手伝いができればいいなと思ってます。近くの商店街にも出店する予定で、早くお店を開けて、若い人が来るようになったらいいね、と周りのお店の方に言われたりするんですよ」。スタッフの池田真奈美さんの穏やかな口調の中に、雪文がこの場所に存在し続ける熱い気持ちと深い意味がこめられているように感じた。

menu

アイスクリーム（各種）
シングル 350円、380円
ダブル 500円、550円
（種類により別の金額あり）
ソフトクリーム 250円

ここはアジアの一等地

mama福 CAFE&KIDS ROOM

大きな通りから少し入っただけなのに、すぐそばには川と山がある。住宅地の中とは思えないほど自然を間近に感じる。オーナーの福澤聡さんがひと目で気に入ったという場所。「アジアならどこでも良かった」。福岡市出身の福澤さん。インドを放浪したのちに不思議な縁(?)に導かれタイで働く。そして日本に戻って店を出す際、大分や熊本などいくつか見た候補地の中で、この北九州市内にある場所にとてつもない潜在的ポテンシャルの高さを感じたのだという。「例えば東京とかだったり、遠くから来られた方はみんなここを大絶賛しますよ。本当にいい場所だって言われますね」。確かに。地元北九州に住んでいても気付かなかったが、実際来てみると、言葉では表せない、なんだかパワースポットにも似た空気を全身に浴びている気がする。そんな場所に「面白い方に、わくわくする方に向かって行きたい。その方が人生絶対よくなるんですよ」という福澤さんが作った店なのだから、ますます面白いハズである。しかも福澤さん自らがリノベーションしたという手作りならではの木材を多用した風合いが、アーティスティックな気もする。

ここまで書くと、なんだかとんがった人がオーナーの、こだわりありすぎて人を

八幡東区大蔵2-11-14
093-616-0606
月・火・水 11時～17時
金・土・日・祝・祝前日 11時～21時
休・木曜、第1・3水曜
P・あり
MAP・P139

選びそうな店だなという印象を受ける人もいるだろう。しかし、まったくオシャレでもなければカッコよくもない私でも、初めて訪れた時からなぜか妙に落ち着くというか、居心地がいい店なのだ。下はひと桁の年の子どもから、上は90歳という人々が通って来るということからも、いかにいろんな人がここでのんびり過ごしているのかがうかがえる。店名に「カフェ&キッズルーム」とあるように、小さな子ども連れでも安心だ。友人から「ママ度数が高い」と言われたことが店名の由来

パンプレート 842円

にもなっているというだけあって、子育て中の人が外食する店を選ぶ際、あれこれと気を使わなければならないこともしっかり考えられた店づくりにもなっている。メニューもロコモコやオムライスといった子どもたちも大好きなものもあり、キッズサイズでの提供も可能。さらに予約時に相談すれば臨機応変に対応してもらえる。

「安全だという自信が持てないものを使って料理したものを出すことはしたくない」というように、使われる素材も自家栽培であったり、福澤さんが「まるで漁に出る気分」で釣りに行った魚だったり。牛、豚肉をメニューに使用していないところからも、自給自足という言葉が頭に浮かんでしまった。自給自足といえば、店で開催したワークショップではイノシシ解体をやったこともあるそうだ。山から出てきたイノシシを一頭丸ごと捌き、最後はボタン鍋を食べるというイベント。カフェで行われる数あるワークショップの中でも、これをやる店はそうそうないだろう(まずは思いつかないだろう)。

そして面白いことへ、ワクワクする方へと向かい続ける福澤さんの夢は、「なんというか、リゾート地みたいなところを作ること」。気の合う仲間、意気投合した人たちと一緒に、手作りで宿泊施設や自然体験などができる場所を作りたいという。いきなり大きな話である。「この店も自分で作れたんで、やればできそうな気がしてるんですよね」。ちょっと聞くと無謀な計画とも思える夢だが、福澤さんが

言うと割とあっさり実現しそうな気がするから不思議だ。そして実現したら面白い。いや、必ず実現してほしいと私もワクワクしながら願っている。

menu

ロコモコセット（サラダ・スープ付、ランチタイムのみ）950円
きまぐれパスタ 842円～
タイgreenカレー 918円
本日のケーキ 518円
PIZZA 950円～
手網自家焙煎コーヒー 432円
季節の酵素ジュース 432円

ロコモコ

本店鉄なべ

ベースは「和の味」。鉄なべ餃子発祥の店

1958(昭和33)年創業。久富陽介さんは本店鉄なべの3代目となる。「銀座には鉄板に乗せられてジュージューいって出てくるスパゲティがあってね、あれは本当に美味しかったねえって、東京から帰って来た初代のお兄さんの話をヒントに、ならそれを餃子でやってみたらどうだろう?と初代が思い立ったのが、この鉄なべ餃子なんですよ。鉄なべも京都の業者に特注でお願いしてこの円形にしてもらって」。いわゆる鉄板ナポリタンと呼ばれるものが、鉄なべ餃子が生まれるきっかけだったとは。物事の始まりとは意外なところにあるものだ。

店内のそこここに　老舗ならではの味を感じるのだが、カウンターもテーブルも、熱々の鉄なべを直に置けるようにと半分ほどが木ではなく鉄になっているという珍しい作り。これも発祥の店ならではだろう。

餃子というと油ギッシュでパンチが効いててにおいも強くて、と思われがちだが、ここの餃子はうまみはあるが、しつこくない。あっさりなのにコクがある。これが「基本は和の味」だということなんだろう。普通のラー油ではない辛味ペーストがさらにビールやごはんをすすませてしまう。

八幡西区黒崎1-9-13
宮本ビル1F
093-641-7288
11時～21時30分
休・木曜
P・なし
MAP・P139

鉄なべというスタイルと餃子というスタミナ食が、鉄の都として発展してきた八幡のまち、そして製鐵マンやその家族たちとうまくフィットして広がった鉄なべ餃子。本店鉄なべには、これからも鉄なべ餃子発祥の店としてその名と味を受け継いでいってほしい。

menu

焼きぎょうざ（10個） 540円
スープぎょうざ 540円
たんめん（細めん、太めん） 595円
ちゃんぽん 650円
焼きそば 595円
焼きうどん 595円
焼きめし 650円
あんかけどんぶり 756円
野菜いため 650円

1日かけて過ごせる複合施設の中のカフェ

almo café 黒崎店

（あるもかふぇ）

「海の見えそうな丘」というユニークな名前の場所である。その名のとおり、残念ながら海は見えないが、2階のバルコニーからは市街地を見下ろすことができる。丘全体に複合施設が作られており、このカフェ以外にもヘアサロン、リラクゼーションサロン、さらにはペットサロンなども。「カフェだけを利用される方ももちろんたくさんいらっしゃいますが、美容室に行かれる間ペットをサロンに預け、そしてカットやカラーを終えられたあとにペットと一緒にここのテラスで食事やお茶、という利用の仕方もうちはできます」。店長の三上哲郎さんが語るとおり、ペットと一緒に外出、外食ができる場所というのは貴重だろう。

螺旋階段から中二階へつながるという造りは、天井が高く、広々とした印象。そのためか、オープン当初はブライダルの二次会などで使用されることが多かったらしい。カフェレストランとして人気が定着した現在、訪れる年齢層もかなり幅広くなったそうだ。おそらく、店の雰囲気はもちろん、マクロビを取り入れるなどナチュラルで健康志向なメニュー構成も人気の秘訣なのだろう。あらゆる年代の嗜好に合わせるため、今後もメニューの数をさらに増やしていきたいとのこと。

八幡西区紅梅4-4-2
093-622-8942
火〜木　11時〜20時（OS19時）
金・土　11時〜21時（OS20時）
日　　　11時〜18時（OS17時）
休・月曜（祝日は営業、翌日休み）
P・あり　MAP・P139　※他、支店あり

最後に、系列の他店とここが違う!というポイントを聞いてみた。「かわいいだけじゃなく、ちょっとハズしたところを出したいんですよね。パンケーキのプレートのアートもお子様にはアンパンマンを登場させたり、若い女の子にはキティちゃんを描いてみたり。自分自身がふざけた人間なんで、そういう遊びをちょいちょい取り入れてます」。いたずらっぽい笑顔を見せる三上さんの遊び心を確かめに行くのもおもしろそうだ。

パンケーキ豆乳クリーム＆フローズンベリー

menu

週替わりランチ 980円
今月のパスタ 890円
しっとり生パンケーキ 1050円～

歴史を未来に伝え続ける味と空間

ピアスペース・のーていす

この道に足を踏み入れた途端、さっきまでの道中とは全く違う空気感に驚く。木屋瀬《こやのせ》。江戸時代唯一の開港地であった長崎と小倉・大里を結ぶ長崎街道の筑前六宿の一つとして栄えた木屋瀬宿だった場所だ。1キロに満たないこの旧街道沿いの町並みは、本当にここが北九州市内なのかとにわかには信じられないほどだ。まるで100年くらい時間を止めたかの如き趣き。いや、もちろん時間は止まってなどいない。この場所には今もしっかりと人々の普通の生活が存在しているのだ。

「私も20年近く前、初めてこの旧街道に来た時、同じように思ったんですよ。まるで結界でもあるんじゃないかって」

凛とした美しい表情で話してくれたのはこのカフェのオーナー、神保明美さん。縁あって築110年以上という町家の一角でカフェを始めて10年以上が経過した。店を始めた当初は、肉も魚もないメニューがなかなか受け入れられずに苦戦したという。

「徐々に時代の方が追い付いてきてくれたというんでしょうか。健康志向や自然食などが注目されるようになって、うちの料理が支持されるようになってきま

八幡西区木屋瀬4-11-5
093-617-9977
10時30分～17時
休・月曜、第1・3火曜
（祝日は営業、翌日休み）
P・あり
MAP・P139

したね」。すばらしい料理を伝えていきたい、その芯のある強く熱い思い、そして自信が神保さんの柔らかな言葉と笑顔にもしっかり浮かんでいる。

お昼ごはんとして提供されるのは大家さんに教えてもらったという伝統の家庭料理である。大豆をあえて粗びきにし、ぱらぱらとしたふりかけのようでもあるなかなか珍しいおからと、その大豆から作った豆乳汁。ごま豆腐も、野菜のさっぱりとした酢の物も、ひじきの煮物も、お惣菜はどれも必要最低限の味付けで、素材そのものの味が生かされている。厳選された素材を使わなければ表現できない味だろう。

また、ごはんには緑米という非常に珍しい古代米が混ぜてある。赤米や黒米で色づいたごはんは自宅でも炊くことがあるが、緑米というものの存在は初めて知った。緑米を加えることで、全体がもちもちとした食感になっており、少し塩を加えることによってさらに米自体の甘味が引き出されている。このおかずの数々にはこのごはんがぴったりだな……と納得させられる。

時間と手間をかけて作られた料理。今の時代、これだけの食事を家庭で作るのはそうそうできることではない。伝統の家庭料理を家庭で作れないというのもパラドキシカルなことではあるが。

「同じことを毎日毎日繰り返す。とても地味だし、続けるのは結構大変です。でも、昔から伝わってきたこの家とごはんを次の世代に伝えていく。それが私たちの役割だと思っています」

たくさんの思いのこめられたごはんをいただき、贅沢な時間を過ごさせてもらって店を出ると、目の前には買い物袋を提げて家へと入って行く女性の姿。そして自転車に乗った子どもたちは元気な声を響かせながら遠賀川の方へ向かって行った。これが木屋瀬という歴史を伝える場所に、今も息づく日常の光景なのだ。

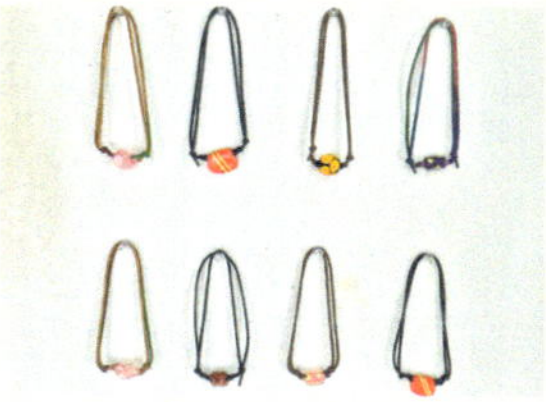

menu

お昼ごはん 1410円〜
ケーキセット 870円
ほうじ茶 540円
オーガニックコーヒー 540円

①小倉駅周辺・小倉中心部

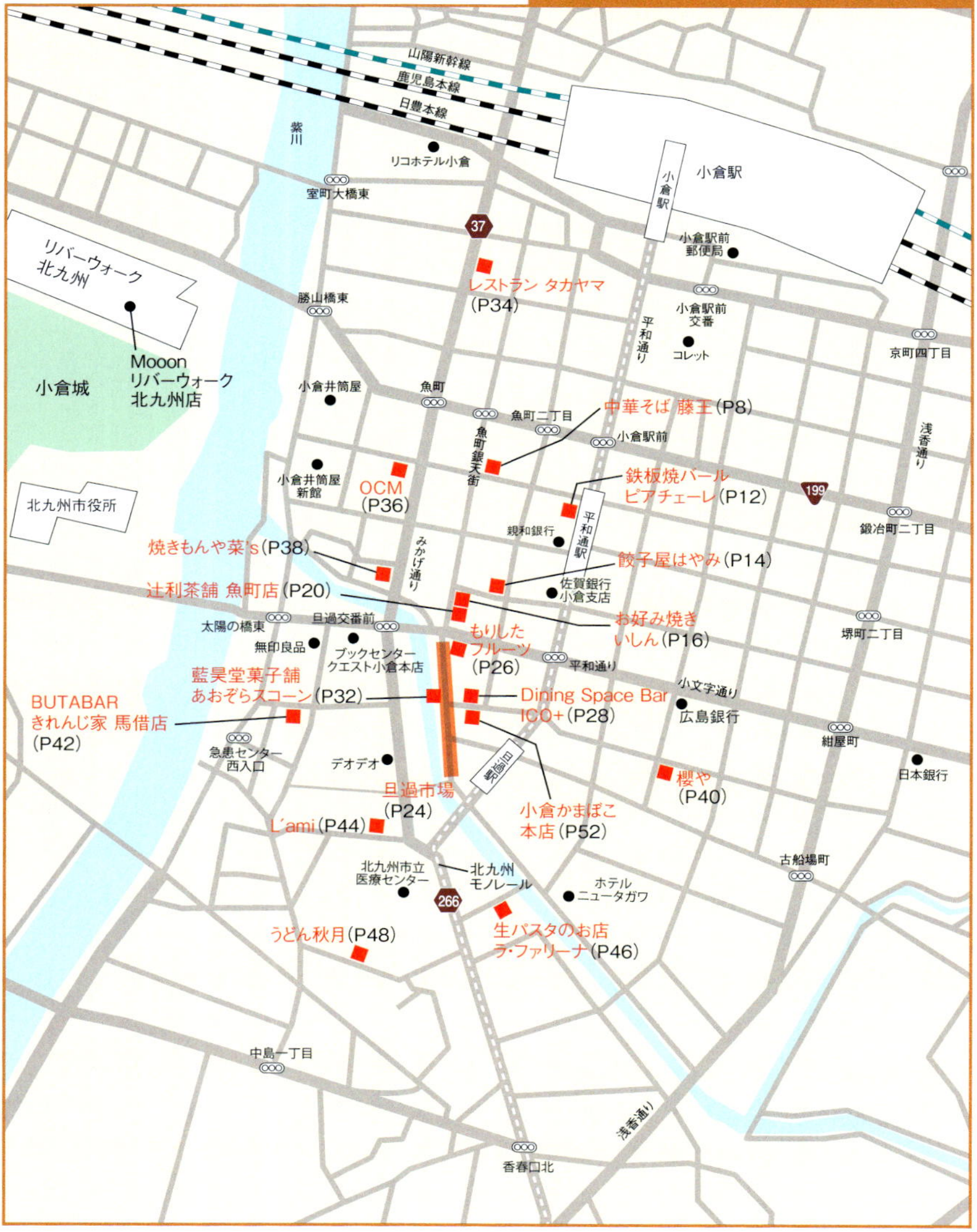

②門司港周辺
門司港レトロ観光線
門司インター
東本町1
72
二代目清美食堂
(P60)
Fruit factory
Mooon de Retro
旧門司税関
出光美術館駅
261
3
鎮西橋
門司港ホテル
二毛作の店
海門(P62)
伊萬里牛
ハンバーグ&ステーキ
MOJISHO(P64)
海峡プラザ
港町
栄町
プリンセスピピ
(P54)
門司港駅前
福岡銀行
門司港
郵便局前
ふく問屋 あたか(P66)
プロペラキッチン
(P58)
九州鉄道
記念館駅
198
桟橋通り
甘党の店
梅月(P68)
錦町
25
伊萬里牛専門店
門司笑
港湾合同庁舎前
門司港駅
198
九州鉄道
記念館
清滝4

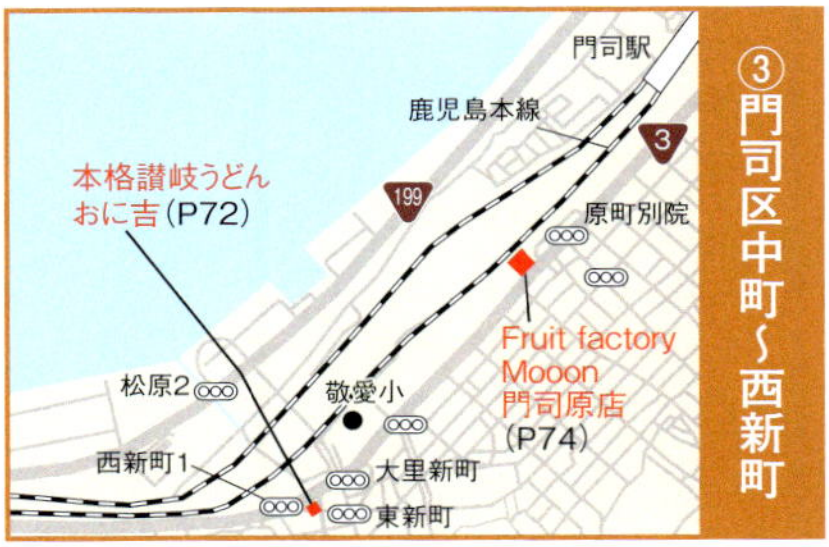

③門司区中町〜西新町
門司駅
鹿児島本線
3
本格讃岐うどん
おに吉(P72)
199
原町別院
Fruit factory
Mooon
門司原店
(P74)
松原2
敬愛小
西新町1
大里新町
東新町

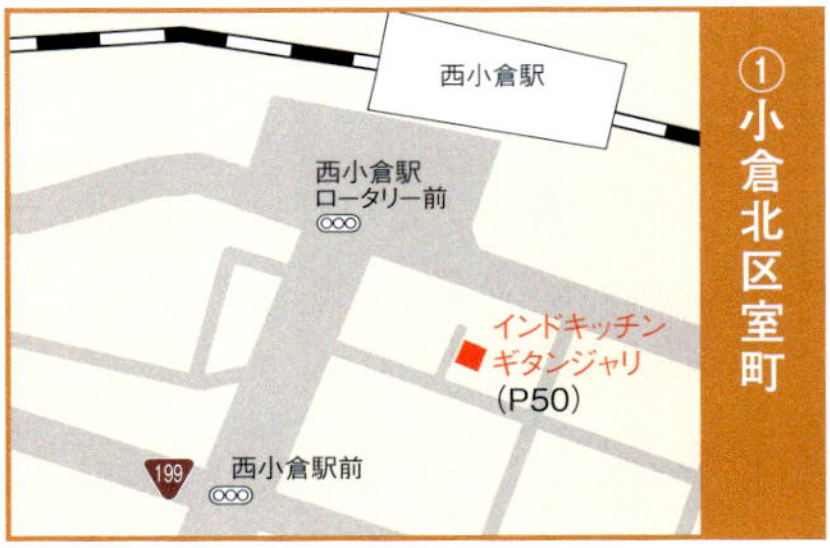

①小倉北区室町
西小倉駅
西小倉駅
ロータリー前
インドキッチン
ギタンジャリ
(P50)
199
西小倉駅前

③小倉北区中井
中井小学校
入口
洋風キッチン・
あらえびす(P78)
199
サンキュードラッグ
中井
中井小学校

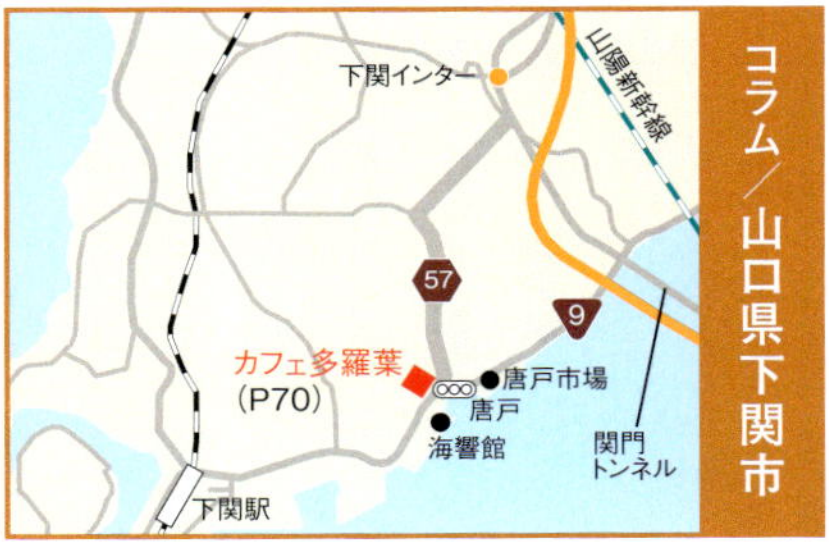

コラム/山口県下関市
山陽新幹線
下関インター
57
9
カフェ多羅葉
(P70)
唐戸市場
唐戸
海響館
関門
トンネル
下関駅

③小倉南区志井

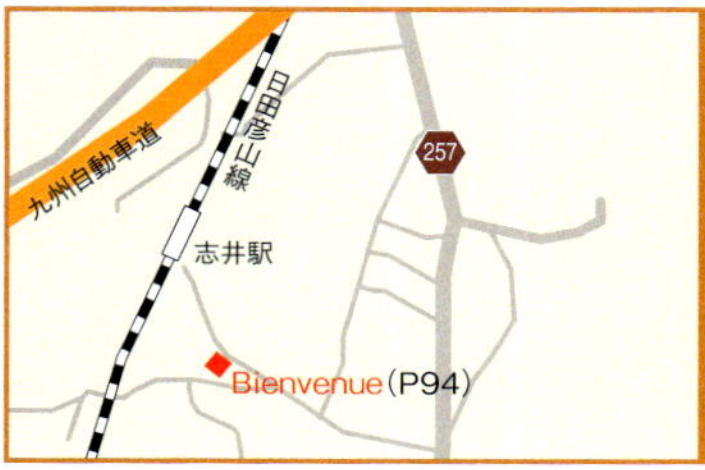

③小倉北区真鶴

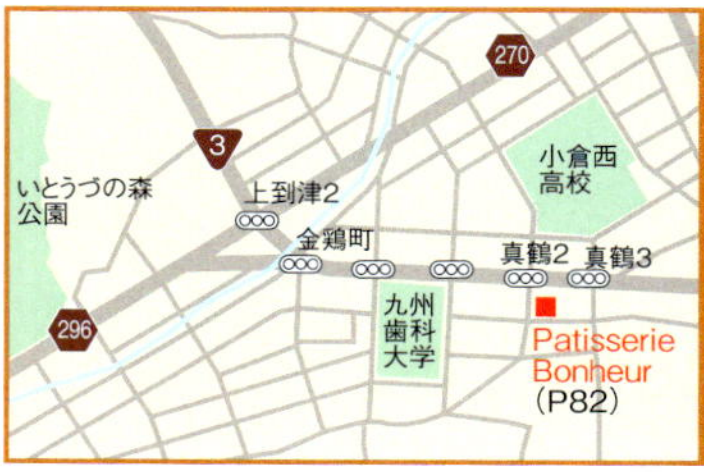

④戸畑区中原西～天神

③小倉北区黄金

④若松区下原町

③小倉北区片野

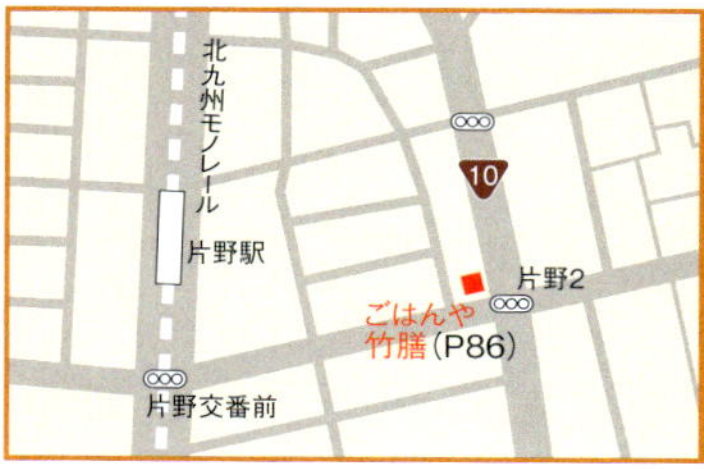

④若松区大字小敷

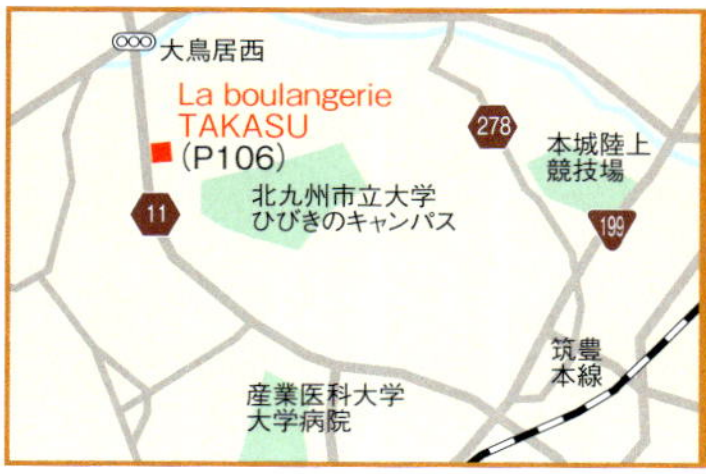

③小倉南区北方

④若松区花野路

③小倉南区守恒本町

④八幡東区西本町～祇園

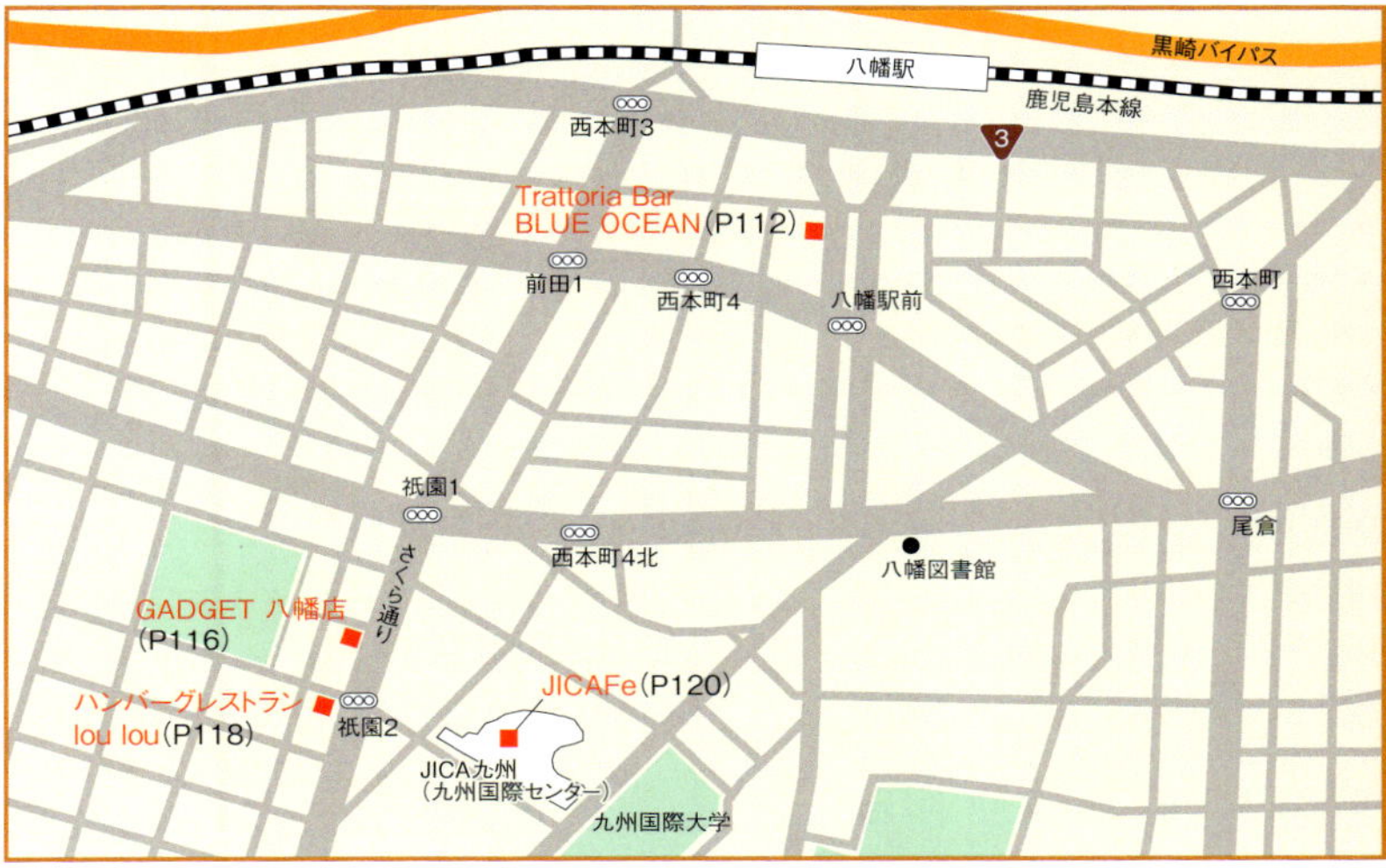

④八幡西区紅梅

④八幡東区清田

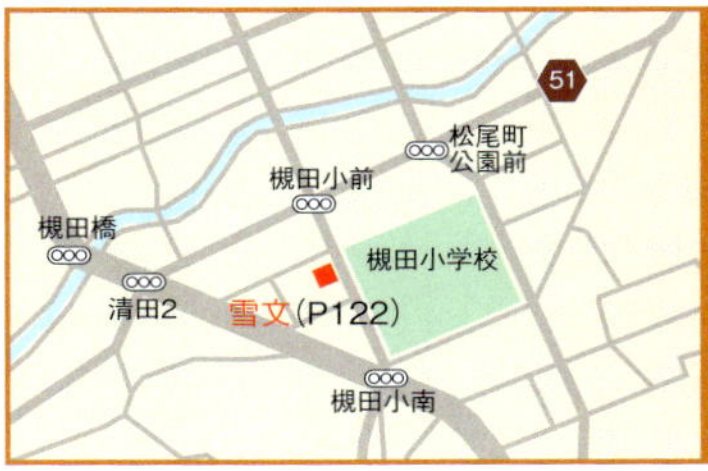

④八幡西区木屋瀬

④八幡東区大蔵

④八幡西区黒崎

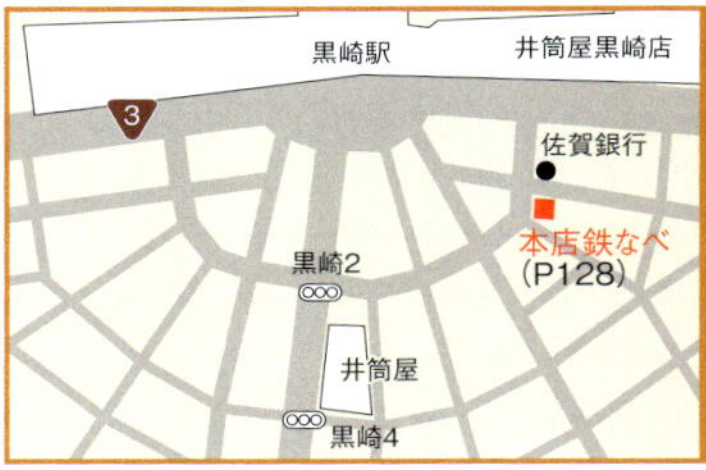

あいうえおさくいん

ジャンル別さくいん

おわりに

不安だらけの中、とりあえず走り出した長距離走も、なんとかゴールすることができた。多くの方々の協力あってこその完走である。

人一倍地元愛が強いという自覚のある私が、「北九州市の魅力をもっと発信したい！」という気持ちで取り組んだこの本。元々瞬発力はあるが持久力に欠ける性分である。途中きつい時期もあり、正直もうやめたいと思ったこともあったが、ここで投げ出したら辛かった思い出と挫折しか残らない。やはりここはひとつ、やり遂げたという達成感を味わいたい。いや、もっとおおごとなのは、今やめたら協力していただいた方々の大切な気持ちや時間を無駄にするということだ。もう自分だけの問題ではないのだ。そうやって自分を追い込みつつ、そしてなにより「本が出来るのを楽しみに待ってます」と言ってくださった方々の素晴らしい笑顔が後押しとなり、何とか最後まで頑張ることができたと思う。

きつい思いをした分、得るものもとても多かった。この本を作ることを通じて、様々な方との出会いと繋がりを与えてもらったことは、私にとって貴重な財産となったし、自分は周りの人たちに本当に恵まれていると改めて実感することもできた。我が街・北九州市の誇るべき食や人や風景などを再確認できた。それを多くの方に発信していきたいという思いもますます強くなった。今後も私なりに自分のできる方法で、この北九州という街をPRできればと思っている。そしてより多くの方々と、北九州の良さを共有できればいいなと願っている。

最後に、取材に応じてくださった全ての店の皆様はもちろん、書肆侃侃房の皆様、そしてこの本を作ることに関わってくださり、協力してくださった皆様にお礼を申し上げます。心から感謝しております。本当にありがとうございました。またお会いできるのを楽しみにしています。

ギラヴァンツ・ラブ　東恭子

〈プロフィール〉

東恭子（あずま・きょうこ）

京都生まれ、北九州育ち、北九州市在住。福岡大学人文学部卒業。会社員時代より事務から接客までありとあらゆる職種を経験。北九州ミズ21委員会第10期委員として文化、芸術、人、スポーツなどを生かした集客をテーマに活動。現在FM KITAQパーソナリティー、フリーライター。北九州市をホームタウンとするJリーグチーム・ギラヴァンツ北九州の応援のため、ホーム&アウェーを駆け回る。

〈写真提供〉
中華そば 藤王、鉄板焼バール ピアチェーレ、辻利茶舗 魚町店（※）、Dining Space Bar ICO+（※）、藍昊堂菓子舗 あおぞらスコーン（※）、レストラン タカヤマ（※）、焼きもんや菜's（※）、BUTABAR きれんじ家 馬借店（※）、L'ami、うどん秋月（※）、インドキッチン ギタンジャリ（※）、小倉かまぼこ本店、プリンセスピピ（※）、二代目清美食堂（※）、二毛作の店 海門（※）、伊萬里牛ハンバーグ&ステーキMOJISHO、ふく問屋 あたか（※）、Fruit factory Moon（※）、Patisserie Bonheur（※）、らーめん志士（※）、Classic Non 1982（※）、dolce di rocca Carino（※）、Trattoria Bar BLUE OCEAN（※）
〈※……掲載写真のうち一部をご提供いただきました〉

写真	東恭子
写真協力（扉写真）	箕内康介、cozy
ブックデザイン	川上夏子（クワズイモデザインルーム）
編集	池田雪（書肆侃侃房）

※本書の情報は、2016年12月現在のものです。価格は税込の表記です。
発行後に変更になる場合があります

おいしい北九州

2015年12月25日　第1版第1刷発行
2017年 1月12日　第1版第2刷発行

著　者　東　恭子
発行者　田島安江
発行所　書肆侃侃房（しょしかんかんぼう）

〒810-0041 福岡市中央区大名2-8-18 天神パークビル501
システムクリエート内
TEL 092-735-2802　FAX 092-735-2792
http://www.kankanbou.com
info@kankanbou.com

印刷・製本　アロー印刷株式会社

ISBN978-4-86385-208-2　C0026

書肆侃侃房の

福岡・北九州 おいしいものガイド

歴史と文化の薫る北九州の巡ってみたいカフェ50店

「北九州カフェ散歩」久原茂保

小倉・門司・八幡・戸畑・若松……。地域ごとに様々な表情を見せる北九州。歴史と文化が薫る街で味わう芳しいコーヒーと素晴らしきロケーション。そして人情味溢れる店主たちとのひととき。ここにあるのは、北九州のカフェ50の物語。

A5判、並製、144ページオールカラー　定価:本体1,300円+税
ISBN978-4-86385-140-5

福岡に住みたくなる愛すべきカフェ50店

「福岡カフェ散歩」上野万太郎

北に博多湾、東西には市内を見渡す山々、そして中央を流れる那珂川……と、自然豊かな都市・福岡。ここには、珈琲に、料理に、スイーツにこだわった、たくさんのカフェがある。そんなオーナーの心意気がつまったカフェ50店を紹介。

A5判、並製、144ページオールカラー　定価:本体1,300円+税
ISBN978-4-86385-099-6

カレーの数だけ物語がある福岡の愛すべきカレー48店

「福岡のまいにちカレー」上野万太郎

いま福岡に熱いカレーの波が押し寄せている。インドカレー、ネパールカレー、バングラデシュカレー、パキスタンカレー、英国風カレー、タイカレー、無国籍なオリジナルカレー、そして昭和レトロな母ちゃんのカレーまで、愛すべき48店を選んで個性的な店主に直撃取材をした。

A5判、並製、144ページオールカラー　定価:本体1,300円+税
ISBN978-4-86385-144-3

福岡っておいしいものだらけ! でも、今日はごはんと味噌汁、なんかそんな気分なんだよね～

「福岡のまいにちごはん」

クワズイモデザインルーム　川上 夏子

健康によくないってわかっちゃいるけど、忙しくて、ちょっと面倒で、手軽なところでごはんテキトーに済ませちゃってませんか?取材店の選定基準は、ご飯と味噌汁、そして、魚や野菜がたくさん食べられること、それだけ!毎日通ってるうちに、ここなしでは生きていけなくなるようなそんな魅力的な「まいにちごはん」をオススメします!

A5判、並製、160ページオールカラー　定価:本体1,400円+税
ISBN978-4-86385-096-5

小さなパン屋さんやお菓子屋さん その扉の向こうの世界へ あなたをいざないます。

「福岡のパンとお菓子の小さなお店」

クワズイモデザインルーム　川上 夏子

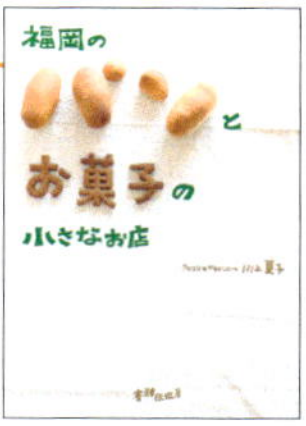

街角で見かける「焼きたて」の小さな看板。たどっていくと、「ここ?」って感じの小ささにビビりつつも、ただよう香りに吸い寄せられていく。そこで暮らしを立てる小店の魅惑的な店主47人に、ねっちりとまったりと話を聞いてきました。小さい店ゆえの「お店までの入り組んだ小道」も、どうにかこうにか地図で紹介。福岡市内のみならず、糸島地区と宗像地区もマニアなあの店をセレクト～!

A5判、並製、160ページオールカラー　定価:本体1,400円+税
ISBN978-4-86385-136-8